함께 공부할 친구들

하트
자연을 사랑하고
마음이 따뜻한 다정이

부키
항상 책을 끼고 다니며,
정보를 모으는 수집가

뉴뉴
신기하고 새로운 것을
좋아하는 호기심쟁이

스타
세상에서 음악과 친구가
제일 좋은 열정쟁이

드림
세상의 모든 아름다움을
마음에 담고 싶은 예술쟁이

 3

꼬리에 꼬리를 물고 이어지는 글을 읽으며
독해력, 사고력, 표현력을 한 번에!

꼬리 물기 질문을 통해 독해 포인트를 알고 효과적으로 글을
읽을 수 있어요. 또 토픽에 대한 생각을 글로 표현하며 독해
력과 사고력, 표현력을 키울 수 있어요.

 4

글의 종류에 알맞은 핵심 질문을 통해
어떤 글도 자신 있게!

신화, 고전, 명작 등의 문학 글과 설명문, 논설문, 편지, 일기 등
의 비문학 글까지 다양한 형식의 글을 접하고 읽는 즐거움을
경험해요. 여러 형식의 문제를 풀며 어떤 글이든 읽어 내는 자
신감을 키워요.

 5

독해력의 기초인 어휘력을 탄탄하게!

한자어, 합성어, 파생어, 유의어, 반의어, 상·하의어처럼 어휘
관계를 통해 어휘를 익히고, 관용 표현, 맞춤법도 배워요.

이렇게 공부해요!

1단계 흥미로운 토픽으로 생각의 문을 열다!

토픽에 관련한 다양한 질문을 읽으며 배경지식을 활성화하고, 학습 계획을 세워요!

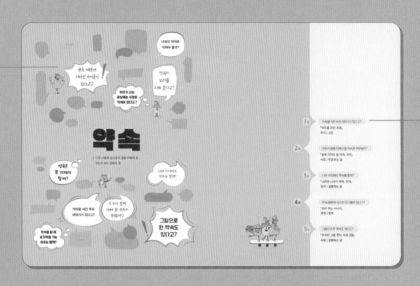

질문을 읽으며 토픽에 대해
알고 있는 것을 떠올려 봐!
아는 것을 많이 떠올릴수록
글을 더 잘 읽을 수 있어!

날마다 읽게 될 글의
갈래와 제목을 살펴보며
공부 계획을 세워 봐!

2단계 질문에 대한 답을 찾으며 생각을 키우다!

읽기 목표에 따라 글을 읽고, 질문을 통해 갈래에 알맞은 읽기 방법을 배워요!

글에서 꼭 살펴야
할 내용이 무엇인지
먼저 보고, 읽기의
목표를 세워 봐!

뜻풀이를 보며 어휘를
맞혀 봐! 초성을 보면
쉽게 답을 찾을 수 있어!

글의 갈래에 따라 꼭
알아야 할 것을 묻는
문제야! 질문에 대한
답을 찾으며 독해력을
키워 봐!

곳곳에 도움을 주는
친구가 있어! 친구가
하는 말을 읽으면 문제가
술술 풀릴 거야!

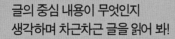

글의 중심 내용이 무엇인지
생각하며 차근차근 글을 읽어 봐!

토픽으로 잡는

똑똑한
초등 독해
10권

웅진주니어

독해력은 새로운 정보와 지식을 받아들이는 도구로서 학습 능력을 좌우하는 중요한 능력이에요. 단순히 글자를 읽는 것이 아니라 글에 담긴 글쓴이의 의도를 파악하고, 글을 통해 알게 된 내용을 생활에 활용하는 능력까지 포함해요. 독해력의 바탕은 세 가지예요. 첫째, 어휘력이에요. 어휘는 글의 기본 요소로, 어휘의 뜻을 모르면 글의 내용을 알 수 없어요. 따라서 어휘를 많이 알수록 독해력이 좋아져요. 둘째, 배경지식이에요. 배경지식이 풍부하면 글에 숨겨진 의도와 생각을 짐작할 수 있어, 글을 더 재미있고 효과적으로 읽을 수 있어요. 셋째, 글의 종류에 적합한 읽기 방법이에요. 글의 갈래에 따라 주제를 찾는 방법도 다르기 때문에 갈래마다 알맞은 읽기 방법을 알아야 해요. 「토픽으로 잡는 똑똑한 초등 독해」는 어휘, 배경지식, 갈래에 따른 읽기 방법을 익힐 수 있도록 구성했어요.

이 책의 특징

 읽고, 이해하고, 알아 가는 즐거움이 있는 새로운 독해 프로그램!

낱낱의 주제를 가진 지문을 읽고 문제를 푸는 방식에서 벗어나 하나의 토픽을 중심으로 다양한 영역의 지문을 담았습니다. 토픽을 다양한 관점에서 살펴보고, 탐색하는 과정에서 읽고, 이해하고, 알아 가는 즐거움을 느낄 수 있어요.

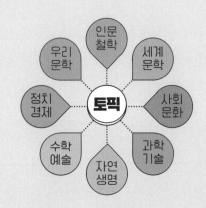

 호기심을 자극하는 토픽으로 교과를 넘어 교양까지!

국어, 수학, 사회, 과학 등의 교과와 추천 도서에서 뽑은 인문, 철학, 사회, 문화, 자연, 과학, 수학, 예술 등 여러 영역을 아우르는 토픽을 통해 교과 지식은 물론 폭넓은 교양을 쌓을 수 있어요.

3단계 다양한 어휘 활동과 토픽 한 줄 정리로 생각을 넓히다!

독해력의 기초인 어휘력을 탄탄히 다지고, 내 생각을 글로 표현해요!

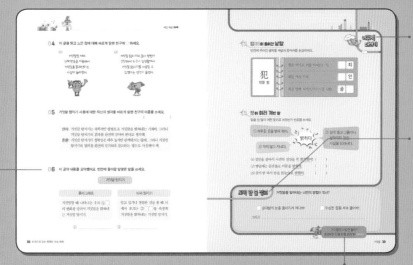

어휘력을 키우는 다양한 활동이 있어. 힌트를 보며 문제를 풀고, 어휘와 뜻을 큰 소리로 읽어 봐!

토픽에 관한 네 생각을 써 봐! 날마다 생각을 쓰는 연습을 하면 표현력도 쑥쑥 자랄 거야!

마지막 문제는 글의 내용을 정리하는 요약하기야. 빈칸을 채워 글을 완성하고, 큰 소리로 읽어 봐! 글의 내용을 기억하는 데 도움이 될 거야!

다음에 이어질 글의 내용을 짐작해 봐! 그리고 내가 짐작한 내용과 실제 글의 내용을 비교해 봐!

4단계 스스로 학습을 점검하며 생각을 다지다!

내가 알고 있는 것과 모르는 것을 구분하는 메타 인지를 훈련해요!

내가 쓴 답과 정답을 비교해 봐!

문제에 대한 자세한 풀이가 있어. 내가 제대로 풀지 못한 문제는 무엇이고, 답이 왜 틀렸는지 생각해 봐!

| 차례 |

행운은 어디에
있을까?

행운이란
무엇일까?

네잎클로버를
찾으면
행운이 올까?

행운도
나눌 수
있을까?

행운

| 좋거나 행복한 운수.

행운을 얻는
방법은 뭘까?

행운을 부르고,
불운을 막는
방법은?

나에게는
어떤 행운이
올까?

행운은 어떤
모습일까?

행운을
얻으면
행복할까?

난쟁이 무크

아버지가 돌아가시자 친척들이 난쟁이 무크를 집에서 내쫓았어요.

"네 행운은 세상에 나가 네가 직접 찾아봐라!"

무크는 아버지에게 물려받은 커다란 옷을 입고 행운을 찾아 나섰어요. 행운을 찾으러 가는 길은 무척 즐거웠어요. 며칠이 지나 무크는 어느 도시에 도착했어요.

"우아, 이렇게 멋진 도시라면 행운을 찾을 수 있을 거야."

무크는 도시에서 만난 어느 부인의 집에서 고양이 여섯 마리와 강아지 한 마리를 돌보며 지내게 되었어요. 월급은 받지 못했지만 고양이들과 강아지를 정성껏 돌보았어요. 부인은 무크의 일솜씨를 좋아했어요.

그런데 얼마 지나지 않아 고양이들이 말썽을 부리기 시작했어요. 부인이 나가면 집 안을 돌아다니며 마구 어질렀어요. 아무리 말려도 소용없었어요. 부인은 엉망이 된 집을 보고 무크에게 화를 냈어요. 고양이들이 한 짓이라고 말해도 믿지 않았어요. ㉠무크는 부인의 집을 떠나기로 마음먹었어요.

그때, 마루 구석에 웅크리고 있던 강아지가 다가오더니 무크의 옷자락을 물고, 어딘가로 데려갔어요. 무크가 한 번도 들어가 본 적 없는 낯선 방이었어요. 그곳에는 온갖 잡동사니가 가득했어요. 방 안을 둘러보던 무크는 커다란 신발과 먼지가 잔뜩 낀 지팡이를 발견했어요.

"낡아서 쓰지 않는 모양이군. 그동안 받지 못한 월급 대신 이걸 가져가야지."

그날 밤, 무크의 꿈에 강아지가 나타나 말했어요.

"신발을 신고 빙글빙글 세 번 돌면 원하는 곳으로 날아갈 수 있어요.
지팡이는 금이 묻힌 곳을 찾아 줄 거예요. 행운을 빌어요."

잠에서 깬 무크는 신발을 신고 세 번 돌았어요. 그러자 무크의
발이 저절로 움직이더니 하늘로 날아올랐어요. 무크는 새로운
행운을 찾아 떠났어요.

어휘 알기 색칠한 낱말과 초성을 보고 뜻풀이에 알맞은 낱말을 ___에 쓰세요.

| ㅇ | ㅅ | ㅆ | 일을 하는 재주.

_____

| ㅁ | ㄹ | ㅂ | ㄷ | 재물이나 지위 따위를 넘겨받다.

_____

| ㅈ | ㄷ | ㅅ | ㄴ | 잡다하게 뒤섞인 쓸모없는 물건.

_____

독해력 기르기

01 이 글의 주인공에 대한 설명이에요. 빈칸에 알맞은 말을 쓰세요.

친척들에게 쫓겨난 무크는 [ ] [ ] 을 찾으러 도시로 갔다.

02 무크에게 일어난 일이에요. 일이 일어난 순서대로 기호를 쓰세요.

> ㉮ 무크는 도시에서 만난 어느 부인의 집에서 동물들을 돌보며 지냈다.
> ㉯ 강아지가 무크를 낯선 방으로 데려갔다.
> ㉰ 고양이들이 집을 어질렀는데, 부인은 무크에게 화를 냈다. 무크는 부인의 집을 떠나기로 마음먹었다.
> ㉱ 무크는 낯선 방에서 커다란 신발과 낡은 지팡이를 발견했다.

(   ) ➡ (   ) ➡ (   ) ➡ (   )

03 무크가 얻은 신발과 지팡이의 능력을 찾아 선으로 이으세요.

(1) 신발 •
　　　　　　　• ㉮ 금이 묻힌 곳을 찾을 수 있다.

(2) 지팡이 •
　　　　　　　• ㉯ 원하는 곳까지 날아갈 수 있다.

04 무크가 ㉠처럼 생각한 까닭에 대해 바르게 말한 친구에 ○ 하세요.

(1) 정성껏 고양이를 돌보며 최선을 다했는데, 부인이 자신의 말을 믿어 주지 않아서 섭섭했을 거야.

(2) 신기한 능력이 있는 지팡이와 신발을 얻었으니 부인의 집에서 일할 필요가 없다고 생각한 거야.

05 이 글에 이어질 내용을 알맞게 상상한 친구의 이름을 쓰세요. ( )

> 찬미: 무크는 자신을 쫓아낸 친척들을 혼내 주러 집으로 돌아갔을 거야.
>
> 효신: 새로운 도시에 도착한 무크는 신기한 신발과 지팡이 덕분에 흥미진진한 모험을 하고, 더 큰 행운을 찾게 될 거야.
>
> 선아: 무크는 낡은 신발과 지팡이가 부끄러워서 금방 버렸을 거야.

이어질 내용은 앞의 내용과 어울려야 해. 친구가 상상한 내용이 인물의 성격이나 마지막 장면과 잘 어울리는지 살펴봐!

06 이 글의 내용을 요약했어요. 빈칸에 들어갈 알맞은 말을 쓰세요.

> 친척들에게 쫓겨난 무크는 행운을 찾으러 떠났다. 어느 도시에서 만난 부인의 집에서 동물들을 돌보며 지내던 무크는 우연히 신기한 물건을 얻었다. 원하는 곳까지 날아갈 수 있는 ① □□과 금이 묻힌 곳을 찾아 주는 ② □□□를 얻은 무크는 새로운 ③ □□을 찾아 떠났다.

① _____   ② _____   ③ _____

📖 낱말의 관계

비슷한말에는 =, 반대말에는 ↔ 기호를 쓰세요.

떠나다		돌아오다
다른 곳으로 옮기다.	( )	원래 있던 데로 다시 오다.

내쫓다		쫓아내다
밖으로 나가도록 쫓다.	( )	쫓아서 나가게 하다.

마음먹다		결심하다
마음속으로 작정하다.	( )	마음을 정하다.

돌보다		보살피다
관심을 가지고 보살피다.	( )	정성을 기울여 돌보아 주다.

📖 모양이 같은 말

밑줄 친 낱말의 뜻을 찾아 선으로 이으세요.

(1) 친구들의 싸움을 <u>말리다</u>. •

(2) 곶감은 껍질을 벗겨 <u>말린</u> 감이다. •

(3) 동생은 못 <u>말리는</u> 말썽쟁이야. •

• (가) 물기를 다 날려서 없애다.

• (나) 어떤 행동을 하지 못하게 타이르다.

토픽 한 줄 정리

무크는 행운을 찾은 걸까, 못 찾은 걸까?

☐ 찾았어!　　☐ 못 찾았어!

왜냐하면 _____ 때문이야.

행운이란 뭘까? 친구들의 생각이 궁금하면 다음 장을 넘겨 봐! >>>>>

한솔이에게

안녕? 잘 지내고 있니?

며칠 전에 네가 보낸 편지 잘 받았어. 네가 추천한 행운 요정에 관한 책은 나도 꼭 읽어 볼게.

한솔아, 책을 읽으면서 '행운'이 무엇인지 궁금해졌다고 했지? 네 편지를 받고, 나도 행운이 무엇인지 궁금했어. 그래서 우리 반 친구들에게 행운이 무엇이라고 생각하는지 물어봤어. 친구들이 뭐라고 했는지 알려 줄게.

내 짝꿍은 원하는 일이 이루어지는 것을 행운이라고 생각한대. 인형 뽑기에서 제일 좋아하는 인형을 뽑고, 갖고 싶었던 게임기를 선물로 받고, 좋아하는 친구랑 짝꿍이 되는 일 같은 것 말이야.

또 다른 친구는 나쁜 일이 생기지 않는 걸 행운이라고 했어. 선생님께 지각한 걸 들키지 않았을 때, 자전거를 타다가 넘어졌는데 다친 데도 없고, 자전거도 멀쩡했을 때 행운이라고 생각했대.

시험에서 백 점을 맞고, 그림 대회에서 상을 탄 것을 행운이라고 말한 친구도 있었어. 열심히 노력해서 얻은 결과인데, 그걸 행운이라고 생각하는 게 좀 이상했어.

이렇게 친구들마다 행운에 대해 생각하는 것이 달랐어. 곰곰이 생각해 봤는데, 친구들이 말한 모든 게 다 행운인 것 같아.

너는 행운을 뭐라고 생각하는지 궁금해! 꼭 답장 부탁해. 안녕!

20○○년 ○월 ○일 혜지가

어휘 알기 색칠한 낱말과 초성을 보고 뜻풀이에 알맞은 낱말을 ____ 에 쓰세요.

| ㄱ | ㄱ | ㅇ | 여러모로 깊이 생각하는 모양. | _____ |

| ㅁ | ㅉ | ㅎ | ㄷ | 흠이 없고 아주 온전하다. | _____ |

| ㅊ | ㅊ | ㅎ | ㄷ | 좋거나 알맞다고 생각되는 것을 남에게 권하다. | _____ |

독해력 기르기

01 이 글에 나와 있지 <u>않은</u> 것을 모두 고르세요. (,   )

① 편지를 받는 사람   ② 편지를 보내는 사람   ③ 편지를 쓴 까닭
④ 편지를 쓴 장소   ⑤ 편지를 받은 날짜

02 이 글에 대한 설명으로 알맞은 것에 ◯ 하세요.

(1) 한솔이가 혜지에게 쓴 편지이다.   (   )
(2) 혜지가 한솔이의 편지에 대한 답장으로 쓴 것이다.   (   )

03 이 글을 쓴 까닭에 대해 바르게 말한 친구에 ◯ 하세요.

(1) 친구가 추천한 책을 읽었다고 알려 주려고 쓴 거야.

(2) 행운에 대해 알아본 것을 알려 주려고 쓴 거야.

(3) 행운이 왔다는 걸 자랑하려고 쓴 거야.

04 이 글에서 혜지네 반 친구들이 행운에 대해 말한 내용이 <u>아닌</u> 것에 ✕ 하세요.

(1) 나쁜 일이 생기지 않는 것이 행운이다. ( )

(2) 행운은 원하던 일이 이루어지는 것이다. ( )

(3) 행운은 마음이 착한 사람에게만 찾아온다. ( )

(4) 시험에서 백 점을 맞고, 상을 타는 것이 행운이다. ( )

05 이 글에 대한 한솔이의 답장으로 알맞은 것에 ◯ 하세요.

(1)
친구들의 생각을
알려 줘서 고마워.
행운에 대한 다양한 생각이
흥미롭고 재미있었어.
내가 생각하는 행운은
혜지 너처럼 좋은 친구를
만난 거야!

(2)
며칠 전에 읽은 책을 너에게
추천하고 싶어서 편지를 써.
우리에게 행운을 가져다주는
행운 요정에 관한 이야기야.
이 책에 나오는 행운 요정은
아주 볼품없게 생겼어. 행운
요정이 볼품없다니 이상하지?

06 이 글의 내용을 요약했어요. 빈칸에 들어갈 알맞은 말을 쓰세요.

받는 사람	한솔
하고 싶은 말	행운에 대해 친구들이 말한 것을 알려 주려고 편지를 쓴다. 친구들은 원하는 일이 이루어지고, 나쁜 일이 생기지 않는 것을 ①◻◻이라고 했다. ②◻◻으로 얻은 결과를 행운이라고 말하는 친구도 있었다. 행운에 대한 생각을 ③◻◻으로 보내 주길 바란다.
보내는 사람	혜지

① _____ ② _____ ③ _____

 뜻이 비슷한 말

글자를 이용해 밑줄 친 말과 뜻이 비슷한 말을 만들어 빈칸에 쓰세요.

어	리
엎	걸
	지

(1) 자전거를 타다가 <u>넘어지다</u>. ☐ ☐ ☐ 다

(2) 지각한 걸 선생님께 <u>들키다</u>. ☐ ☐ 다

헷갈리는 말

알맞은 말에 ◯ 하세요.

다치다
부딪치거나 맞거나 하여 몸에 상처가 생기다.

VS

닫히다
문이나 뚜껑 따위가 도로 제자리로 가 막히다.

'다치다'와 '닫히다'는 둘 다 [다치다]로 소리 나지만 뜻은 달라.

(1) 바람에 문이 (다쳤어 , 닫혔어).

(2) 축구를 하다가 (다쳐서 , 닫혀서) 상처가 생겼어.

(3) (다치는 , 닫히는) 창문에 손가락이 끼여 (다쳤어 , 닫혔어).

토픽 한 줄 정리 행운이 뭐라고 생각하니?

☐ 원하는 일이 이루어지는 것   ☐ 나쁜 일이 생기지 않는 것

내가 생각하는 행운은 _____

 행운을 부르는 특별한 물건이나 행동이 있대. 궁금하면 다음 장을 넘겨 봐! >>>>>

행운을 부르는 상징

예로부터 우리나라 사람들은 돼지꿈이나 까치, 복조리를 행운의 상징으로 여겼어요. 우리나라처럼 다른 나라에도 행운의 상징이 있어요.

특별한 물건을 행운의 상징으로 여기는 나라들이 있어요. 튀르키예에서는 푸른 유리에 눈이 그려진 '나자르 본주'가 행운을 부른다고 믿어요. 러시아에서는 큰 인형 안에 작은 인형들이 겹겹이 들어 있는 '마트료시카'를, 스웨덴에서는 나무로 만든 꼬리 없는 말 인형 '달라 호스'를 행운의 상징으로 여겨요.

어떤 나라에서는 특별한 동물이 행운을 상징해요. 미얀마에서는 '흰 코끼리'를 보면 좋은 일이 생긴다고 여겨요. 몽골에서는 어깨에 '독수리'를 올려놓으면 일 년 내내 행운이 함께한다고 생각해요. 프랑스와 영국 등 유럽에서는 '무당벌레'가 행운을 가져온다고 믿어서, 무당벌레 모양의 장신구를 하는 사람들도 있어요.

행운을 부르는 숫자와 색깔도 있어요. 서양 사람들은 숫자 '7'을 행운의 상징으로 여겨 '럭키 세븐'이라고 부르기도 해요. 중국과 베트남에서는 '붉은색'이 행운을 부르는 힘이 있다고 생각해 붉은색으로 칠한 물건이 많아요.

세계 여러 나라 사람들은 행운의 상징을 지니거나 나누며 자신과 다른 이의 행운을 빌어요. 나라마다 행운의 상징은 다르지만, 행운을 바라는 마음은 같아요.

어휘 알기 색칠한 낱말과 초성을 보고 뜻풀이에 알맞은 낱말을 ___에 쓰세요.

| ㅂ | ㅈ | ㄹ |

새해에 복을 받는다 하여 부엌이나 마루의 벽에 걸어 놓는 조리.

_____

| ㅇ | ㄱ | ㄷ |

마음속으로 어떤 대상을 어떻게 생각하거나 판단하다.

_____

| ㄷ | ㅈ | ㄲ |

꿈속에서 돼지를 보는 꿈. 이 꿈을 꾸면 재물이 생긴다고 한다.

_____

독해력 기르기

01 이 글은 무엇에 대해 알려 주는 글인지 빈칸에 알맞은 말을 쓰세요.

세계 여러 나라의 [   ][   ]의 상징

02 이 글을 통해 알 수 있는 것에 ○ 하세요.

(1) 행운의 상징은 물건, 색깔, 동물 등으로 다양하다.   (   )

(2) 어떤 물건이 각 나라의 행운의 상징이 된 이유를 알 수 있다.   (   )

(3) 사람들이 자신에게만 행운이 생기기를 바란다는 것을 알 수 있다. (   )

03 이 글에 나온 행운의 동물이 <u>아닌</u> 것을 골라 기호를 쓰세요. (   )

㉮   ㉯   ㉰

04 각 나라의 행운의 상징을 찾아 선으로 이으세요.

(1) 튀르키예　　　　(2) 러시아　　　　(3) 스웨덴

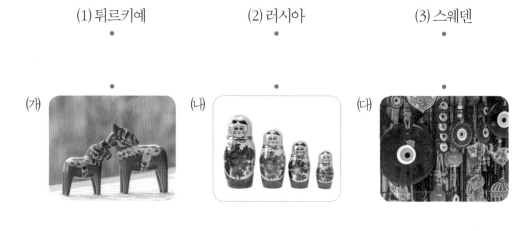

(가)　　　　(나)　　　　(다)

05 이 글에 덧붙일 내용으로 알맞은 것에 ○ 하세요.

(1) 유럽에서는 네잎클로버를 찾거나 말발굽 모양의 편자를 집에 걸어 두면 좋은 일이 생긴다고 여긴다.

(2) 우리 조상들은 새끼를 꼬아 만든 금줄을 쳐서 나쁜 기운이 집 안으로 들어오는 것을 막았다.

06 이 글의 내용을 요약했어요. 빈칸에 들어갈 알맞은 말을 쓰세요.

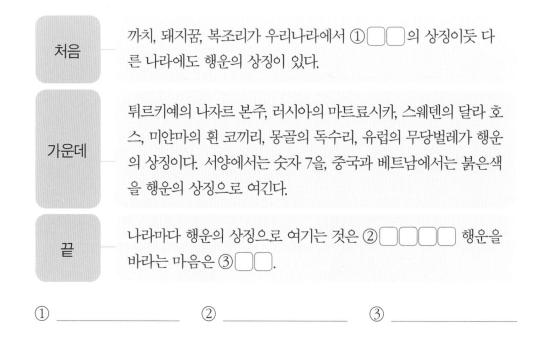

처음: 까치, 돼지꿈, 복조리가 우리나라에서 ①◻◻의 상징이듯 다른 나라에도 행운의 상징이 있다.

가운데: 튀르키예의 나자르 본주, 러시아의 마트료시카, 스웨덴의 달라 호스, 미얀마의 흰 코끼리, 몽골의 독수리, 유럽의 무당벌레가 행운의 상징이다. 서양에서는 숫자 7을, 중국과 베트남에서는 붉은색을 행운의 상징으로 여긴다.

끝: 나라마다 행운의 상징으로 여기는 것은 ②◻◻◻◻ 행운을 바라는 마음은 ③◻◻.

① _____　② _____　③ _____

📖 뜻이 비슷한 말

뜻이 비슷한 말끼리 ○로 묶으세요.

여기다

함께하다

생각하다

바라다

같이하다

원하다

본문에서 낱말을 찾아, 비슷한말로 바꾸어 읽어 봐!

📖 모양이 같은 말

밑줄 친 말의 뜻을 찾아 선으로 이으세요.

(1) 정월 대보름날, 보름달을 보며 소원을 빌었어.

(2) 겨울이 되자 베짱이는 개미에게 밥을 빌었어.

(3) 축구 시합에서 이기게 해 달라고 빌었어.

(가) 남의 물건을 공짜로 달라고 사정하여 얻다.

(나) 바라는 바를 이루게 하여 달라고 간절히 청하다.

토픽 한 줄 정리

너도 행운의 상징이 있니? 소개해 봐!

☐ 행운의 물건이 있어!   ☐ 행운의 동물이 있어!   ☐ 행운을 부르는 행동이 있어!

남의 행운을 탐내면 어떻게 될까? 궁금하면 다음 장을 넘겨 봐! >>>>>

요술 항아리

옛날 한 마을에 부지런한 농부가 살았어. 하루는 괭이로 밭을 일구는데 땅속에서 커다란 항아리가 나오네. 농부는 항아리를 짊어지고 와 괭이를 넣어 두었지.

다음 날, 농부가 항아리에서 괭이를 꺼냈어. 그런데 항아리에 똑같은 괭이가 또 있는 거야. 농부가 괭이를 꺼냈더니 항아리에 괭이가 또 있어.

"신기하네. 쌀을 한번 넣어 보자."

농부는 항아리에 쌀을 수북하게 담았다 쏟았어. 그랬더니 항아리에 또 쌀이 수북해. 쏟으면 수북하고, 쏟으면 수북하고……

"하, 이런 행운이 내게 오다니!"

마을의 욕심쟁이 부자 영감이 소문을 듣고 농부를 찾아왔어.

"그 항아리는 내 것일세."

"무슨 말이오?"

"내가 원래 그 밭의 주인 아닌가? 나는 밭만 팔았지 항아리까지 팔진 않았네."

실랑이를 하던 두 사람이 사또한테 갔어. 사연을 들은 사또가 말했어.

㉠"듣고 보니 둘 다 맞는데, 항아리를 쪼갤 수 없으니 나라에서 보관하겠다."

사또는 영감과 농부를 돌려보냈어. 그러고는 항아리를 얼른 집으로 날랐어.

"하하, 오늘은 운수 좋은 날이군! 항아리에 무얼 넣어 볼까?"

그때 사또 아버지가,

"항아리에 뭐가 들었는지 볼까?"

하고는 고개를 쑥 들이밀다 빠지고 말았네.

놀란 사또가 아버지를 꺼냈지. 아, 그랬더니 항아리 속에 ㉡ 가 또 있어.

꺼내면 또 있고, 꺼내면 또 있고……

어리둥절한 아버지들이 치고받고 싸우다 그만 항아리를 깨고 말았어.

"아이고, 내 요술 항아리!"

사또는 땅을 치며 울었다나 어쨌다나.

어휘 알기 색칠한 낱말과 초성을 보고 뜻풀이에 알맞은 낱말을 ___에 쓰세요.

| ㅅ | ㅇ | 일의 앞뒤 사정과 까닭. |

_____

| ㅅ | ㄸ | 옛날에 각 도에 파견되어 마을 일을 맡아보던 관리를 이르는 말. |

_____

| ㅅ | ㄹ | ㅇ | 옳으니 그르니 하며 서로 말로 다투는 것. |

_____

독해력 기르기

01 요술 항아리에 물건을 넣으면 생기는 일에 ○ 하세요.

(1) 재물이 많이 생겨 누구나 부자가 된다.   (   )

(2) 항아리에 넣은 것이 자꾸자꾸 나온다.   (   )

02 이야기의 내용을 그림으로 나타냈어요. 일이 일어난 순서대로 기호를 쓰세요.

㉮

㉯

㉰

㉱

(   ) ⟶ (   ) ⟶ (   ) ⟶ (   )

03 ㉠에 나타난 사또의 속마음으로 알맞은 것에 ○ 하세요.

(1) 나라 살림에 보탬이 되겠구나. 굶주린 백성을 위해 써야지.

(2) 이리 좋은 것을 남이 갖게 둘 수는 없지. 내가 가져야겠군.

04 ㉡에 들어갈 말로 알맞은 것은 무엇인가요? (   )

① 괭이   ② 쌀   ③ 금은보화   ④ 아버지   ⑤ 사또

05 이 글을 읽고 쓴 감상문의 한 부분이에요. 빈칸에 공통으로 들어갈 인물을 쓰세요.

(   )

농부의 요술 항아리를 빼앗은 □□는『흥부 놀부』에 나오는 놀부를 닮았다. 놀부는 신기한 박씨를 얻으려고 제비 다리를 일부러 부러뜨렸다. 그러다 박에서 나온 도깨비에게 두들겨 맞고, 집이 똥물에 휩쓸려 버렸다. □□도 놀부처럼 욕심을 부리다 벌을 받았다.

06 이 글의 내용을 요약했어요. 빈칸에 들어갈 알맞은 말을 쓰세요.

농부가 물건을 넣으면 같은 것이 계속 나오는 요술 ①□□□를 찾았다. 이 사실을 알게 된 욕심쟁이 영감이 찾아와 항아리가 자기 것이라 우겼다. 두 사람은 사또에게 항아리의 주인을 가려 달라고 했다. ②□□는 거짓말로 두 사람을 속이고, 항아리를 집으로 가져갔다. 사또의 ③□□□가 항아리에 빠졌는데, 항아리에서 아버지가 계속 나왔다. 사또의 아버지들이 서로 싸우다 항아리를 깨고 말았다.

① _____   ② _____   ③ _____

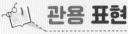

관용 표현

빈칸에 공통으로 들어갈 말을 써넣어 관용 표현을 완성하세요.

☐이 꺼지게
한숨을 쉴 때
몹시 깊고도 크게.

☐을 치다
몹시 분하고
애통하다.

☐짚고 헤엄치기
일이 매우 쉬움을
나타내는 속담.

☐에 떨어지다.
사람의 명성이 회복하기 어려울
정도로 나빠지다.

큰말 작은말

큰말에 해당하는 작은말을 찾아 선으로 이으세요.

(1) 수북하다 •

(2) 물렁하다 •

(3) 퍼렇다 •

(4) 둥그렇다 •

• (개) 파랗다

• (내) 말랑하다

• (대) 동그랗다

• (래) 소복하다

낱말의 뜻은
비슷하지만 표현상 크고,
어둡고, 무겁게 느껴지는
말은 '큰말', 반대인
말은 '작은말'이야.

토픽 한 줄 정리 너에게 요술 항아리가 생기면 어떻게 할래?

☐ 아무것도 넣지 않을 거야!   ☐＿＿＿＿＿을(를) 넣을 거야!

왜냐하면 ＿＿＿＿＿＿＿＿＿＿＿＿＿＿＿＿＿＿ 때문이야.

행운은 어떻게 해야 잡을 수 있을까?
궁금하면 다음 장을 넘겨 봐! >>>>>

행운을 잡는 법

가　3학년 5반 친구들, 반갑습니다. 김서율입니다. 여러분, '행운은 준비된 사람에게 찾아온다.'라는 말을 들어 본 적 있나요? 과학자 파스퇴르가 한 말입니다. 파스퇴르가 말한 준비가 무엇인지에 대한 제 생각을 말하고자 합니다.

나　첫 번째 준비는 도전입니다. 도전은 무언가를 이루기 위해 나서는 것입니다. 비행기를 발명한 라이트 형제를 알고 있지요? 라이트 형제는 긴 상자를 이리저리 움직이다, 그 모습이 새들이 방향을 바꿀 때 날개를 비트는 것과 비슷하다는 것을 발견하는 행운을 잡았어요. ㉠라이트 형제는 수백 번의 도전 끝에 비행기를 조종할 수 있게 되었어요. ㉡만약 라이트 형제가 도전하지 않았다면 행운도 아무런 쓸모가 없었을 거예요.

다　두 번째는 열정과 노력입니다. ㉢과학자 뉴턴은 나무에서 떨어지는 사과를 보고 모든 물체 사이에는 서로 끌어당기는 힘, 만유인력이 있다는 것을 발견했습니다. 수많은 사람이 사과가 떨어지는 것을 보았지만 아무도 그 이유를 궁금해하지 않았어요. 하지만 뉴턴은 달랐어요. 열정을 가지고 연구한 끝에 만유인력을 알아낸 겁니다. ㉣뉴턴은 자신의 발견에 대해 '나는 끊임없이 그것에 대해 생각했습니다.'라고 말했어요. 이처럼 우연히 찾아온 행운을 위대한 발견으로 만든 것은 뉴턴의 열정과 노력입니다.

라　아무것도 하지 않는 사람에게는 아무 일도 일어나지 않아요. 또 행운이 찾아와도 그것이 행운인지 알 수 없어요. ㉤행운을 잡고 싶다면 파스퇴르의 말처럼 준비를 해야 합니다. 열정을 가지고, 도전하고, 노력하는 것이 바로 그 준비입니다. 3학년 5반 친구들, 우리 함께 행운을 잡기 위한 준비를 시작해 봅시다!

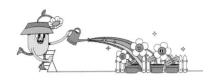
어휘 알기 색칠한 낱말과 초성을 보고 뜻풀이에 알맞은 낱말을 ___에 쓰세요.

| ㅆ | ㅁ | 쓸 만한 가치. |

_____

| ㅇ | ㅈ | 어떤 일에 열렬한 애정을 가지고 열중하는 마음. |

_____

| ㅇ | ㅇ | ㅎ | 기대하지 않았는데 뜻밖에. |

_____

독해력 기르기

여러 사람 앞에서 자기의 주장이나 의견을 말하기 위해 쓴 글을 연설문이라고 해.

01 다음에 해당하는 것을 찾아 선으로 이으세요.

(1) 연설을 하는 사람 •   • (개) 김서율

(2) 연설을 듣는 사람 •   • (내) 행운을 잡는 법

(3) 연설의 주제 •   • (대) 3학년 5반 친구들

02 이 글을 짜임에 따라 나눌 때 각 부분에 해당하는 것의 기호를 쓰세요.

처음	가운데	끝
연설자와 주제 소개	주장과 근거 제시	당부하는 말
		라

03 이 글의 내용으로 알맞으면 ○, 알맞지 않으면 ✕ 하세요.

(1) 글쓴이는 행운을 잡기 위한 준비를 함께 하자고 제안했다.   (   )

(2) 글쓴이는 아무것도 하지 않아도 행운을 잡을 수 있다고 했다.   (   )

(3) 글쓴이는 도전과 노력의 중요성을 설명하기 위해 라이트 형제와 뉴턴의 이야기를 예로 들었다.   (   )

04 ㄱ~ㅁ을 사실과 의견으로 구분해 각각 해당하는 것을 찾아 선으로 이으세요.

(1) ㄱ •

(2) ㄴ •

(3) ㄷ •   • (가)   사실

(4) ㄹ •

(5) ㅁ •   • (나)   의견

> 사실과 의견을 구분하면 주장을 쉽게 파악할 수 있어.

05 이 글의 내용을 바르게 이해한 친구의 이름을 쓰세요. (   )

> **가영**: 행운을 잡은 사람들은 대부분 자신의 분야에서 최선을 다했어. 나도 무슨 일이든 최선을 다해 노력할 거야. 그러다 보면 행운이 따를 거야.
>
> **재영**: 사과가 떨어지는 것을 보고 만유인력을 떠올릴 수 있었던 건 뉴턴이 타고난 천재이기 때문이야. 행운은 노력하는 사람보다 천재에게 찾아오는 것 같아.

06 이 글의 내용을 요약했어요. 빈칸에 들어갈 알맞은 말을 쓰세요.

연설 주제	①□□을 잡는 법
주장하는 내용	행운은 ②□□하는 사람에게 찾아온다. 실패가 두려워 도전하지 않으면 행운이 찾아와도 쓸모없다. 또 행운은 열정을 가지고 노력하는 사람에게 찾아온다.
당부의 말	아무것도 하지 않는 사람에게는 아무 일도 일어나지 않는다. 행운을 바란다면 행운을 잡기 위한 ③□□를 시작하자.

① _____   ② _____   ③ _____

 ## 뜻이 비슷한 말

글자를 이용해 밑줄 친 말과 뜻이 비슷한 말을 만들어 빈칸에 쓰세요.

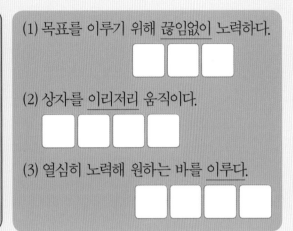

요   리   조
준   꾸   하
히   취   다
리   성

(1) 목표를 이루기 위해 끊임없이 노력하다.

☐ ☐ ☐

(2) 상자를 이리저리 움직이다.

☐ ☐ ☐ ☐

(3) 열심히 노력해 원하는 바를 이루다.

☐ ☐ ☐ ☐

 ## 헷갈리는 말

알맞은 말에 ○ 하세요.

조종하다		조정하다
비행기나 자동차 따위의 기계를 다루어 부리다.		어떤 기준이나 상태에 맞게 정돈하다.

'조종하다'는
무언가를 뜻대로
움직인다는 뜻이야.

(1) 나는 비행기를 (조종하는 , 조정하는) 비행사가 될 거야!

(2) 엄마랑 의논해서 공부 시간을 (조종했다 , 조정했다).

(3) 드론은 무선 전파로 (조종 , 조정)할 수 있는 기계야.

토픽 한 줄 정리

네가 바라는 행운은 무엇이니?

내가 바라는 행운은 _____

행운을 잡기 위해 _____ 할 거야!

우리 몸을 건강하게 지키는 방법은?

특별한 신체를 가진 주인공이 나오는 이야기는?

우리 몸은 언제까지 자랄까?

신체

| 사람의 몸.

신체의 한계를 뛰어넘는 방법은?

우리 몸은 어떻게 움직이는 걸까?

우리 몸에서 가장 약한 곳은 어디일까?

우리 몸은 왜 아플까?

우리 몸속에는 무엇이 있을까?

재주 많은 다섯 친구

옛날에 한 아이가 항아리에서 태어났어. 그래서 이름을 단지손이라 지었지. 단지손이는 태어나자마자 말을 또박또박하고, 밥을 푹푹 퍼먹었어. 자라면서 힘도 무지 셌지. 맨손으로 밭을 갈고, 나무도 뿌리째 뽑아 지게에 지고 왔어.

하루는 단지손이가 세상 구경을 떠났어. 길을 가는 중에 네 친구를 만났지. 숙숙 콧김이 센 콧김손이, 콸콸 오줌을 누는 오줌손이, 영차영차 큰 배를 짊어진 배손이, 철컥철컥 단단한 무쇠 신을 신은 무쇠손이.

다섯 친구가 산길을 가는데 호랑이 한 마리가 길을 턱 가로막아.

"나하고 내기해서 너희가 이기면 안 잡아먹지."

첫 번째 내기는 나무 베기야. 호랑이가 슬슬 톱질을 시작하자 무쇠손이는 무쇠 신으로 단번에 쿵 나무를 넘어뜨렸지.

두 번째 내기는 둑 쌓기야. 호랑이가 낑낑 돌을 굴려 왔어. 단지손이는 바윗덩이를 번쩍 들어 금세 둑을 쌓았어. 화가 난 호랑이가 세 번째 내기로 나무 쌓기를 하자네. 다섯 친구는 힘을 합쳐 잽싸게 나무를 쌓았어.

"우리가 이겼다!"

"흐흐, 내가 이대로 물러날 줄 알고?"

약이 바싹 오른 호랑이는 나뭇더미에 불을 질렀어. 다섯 친구가 앉은 나뭇더미 위로 불꽃이 활활 타올랐어.

"이쯤이야. 걱정 마!"

오줌손이가 잽싸게 오줌을 콸콸 누어 불을 껐어. 주변은 금세 오줌 바다가 되었지. 배손이는 배를 띄워 친구들을 태웠어. 무쇠손이가 무쇠 신으로 호랑이를 확 걷어차자, 콧김손이가 숙숙 콧김을 뿜어 파도를 일으켰어. 호랑이는 출렁거리는 파도에 밀려 멀리 떠내려갔지.

호랑이를 물리친 다섯 친구는 함께 세상 구경을 떠났대.

어휘 알기 색칠한 낱말과 초성을 보고 뜻풀이에 알맞은 낱말을 ＿＿에 쓰세요.

| ㄴ | ㄱ | 일정한 약속을 하고 승부를 다투는 일. |

_____

| ㄷ | ㅂ | ㅇ | 단 한 번에. |

_____

| ㄱ | ㄹ | ㅁ | ㄷ | 앞을 가로질러 막다. |

_____

독해력 기르기

01 이 글에 나오는 인물이 하는 말이에요. 누구인지 알맞은 이름을 쓰세요.

나는 항아리에서 태어났어. 신기하지? 난 힘이 엄청 세. 맨손으로 밭을 갈고, 나무도 뿌리째 뽑을 수 있어. 세상 구경을 하러 가는 길에 재주 많은 친구들을 만났어.

_____

02 단지손이가 만난 친구들의 재주를 선으로 바르게 이으세요.

(1) 콧김손이 •

(2) 오줌손이 •

(3) 배손이 •

(4) 무쇠손이 •

• (개) 큰 배를 짊어지고 다닌다.

• (내) 파도를 일으킬 만큼 콧김이 세다.

• (대) 단단한 무쇠 신을 신고 다닌다.

• (래) 콸콸 오줌을 많이 눈다.

03 다섯 친구가 호랑이와 한 내기예요. 각 내기에서 다섯 친구가 어떻게 이겼는지 알맞은 그림을 찾아 선으로 이으세요.

(1) 나무 베기   (2) 둑 쌓기   (3) 나무 쌓기

(개)   (나)   (다)

04 이 글을 바르게 이해하지 <u>못한</u> 친구의 이름을 쓰세요. (　　　　　　　　)

> **진만**: 힘을 합쳐 호랑이를 물리치는 다섯 친구의 모습이 인상적이야.
> **소라**: 다섯 친구의 재주가 정말 신기해. 호랑이를 물리치고 세상 구경을 떠나는 친구들에게 앞으로 어떤 일이 펼쳐질지 무척 기대돼.
> **가영**: 동물의 왕 호랑이가 내기에서 지고, 다섯 친구에게 사과하고 떠나는 모습을 보니 조금 가엾어.

05 이 글의 내용을 요약했어요. 빈칸에 들어갈 알맞은 말을 쓰세요.

> 항아리에서 태어난 ①□□□□가 세상 구경을 가다가 콧김손이, 오줌손이, 배손이, 무쇠손이를 만났다. 다섯 친구는 산길에서 만난 ②□□□와 나무 베기, 둑 쌓기, 나무 쌓기 내기를 했다. 다섯 친구는 저마다 가진 특별한 ③□□로 내기를 모두 이겼다. 호랑이를 물리친 다섯 친구는 사이좋게 세상 구경을 떠났다.

① _____   ② _____   ③ _____

 움직임을 나타내는 말

그림에 어울리는 문장이 되도록 알맞은 말에 ○ 하세요.

불을 (지르다 , 끄다).

오줌을 (누다 , 참다).

배를 (띄우다 , 태우다).

둑을 (쌓다 , 허물다).

모양이 같은 말

밑줄 친 낱말의 뜻으로 알맞은 것을 찾아 선으로 이으세요.

(1) 생일 턱을 크게 내다. •

(2) 의자에 턱 걸터앉다. •

(3) 아빠 턱에 난 수염이 까끌까끌해. •

• (가) 사람의 입 아래에 있는 뾰족하게 나온 부분.

• (나) 자연스럽게 동작을 취하는 모양을 나타내는 말.

• (다) 좋은 일이 있을 때, 남에게 음식을 대접하는 것.

토픽 한 줄 정리   넌 어떤 재주를 갖고 싶니?

☐ 높이 뛰는 재주   ☐ 번개처럼 빨리 달리는 재주   ☐ _____

이 재주가 있으면 _____ 할 거야.

우리 몸은 어떻게 움직이는 걸까? 궁금하면 다음 장을 넘겨 봐! >>>>>

우리 몸을 움직이는 뇌

뇌는 우리 몸의 총사령관이에요. 뇌가 있기에 우리는 보고, 듣고, 움직이고, 생각하고, 느끼고, 기억할 수 있어요.

뇌는 우리 몸의 맨 꼭대기, 머리뼈 안에 있어요. 두 주먹을 맞댄 정도의 크기이고, 사람에 따라 다르지만 대략 1.4킬로그램 정도의 무게예요. 두부처럼 물컹물컹하고, 호두알처럼 쪼글쪼글해요.

뇌는 대뇌, 소뇌, 뇌줄기 등으로 이루어져 있어요. 대뇌는 서로 연결된 우뇌와 좌뇌로 나뉘며 느끼고 생각하는 역할을 담당해요. 소뇌는 몸의 균형을 잡고 대뇌에서 보내는 운동 명령을 섬세하게 조절해요. 뇌줄기는 심장 박동이나 소화와 같은 일을 처리해요. 이렇게 각 부위마다 하는 일이 따로따로 정해져 있어서, 우리는 음악을 들으며 밥을 먹는 것처럼 동시에 여러 가지 일을 할 수 있어요.

가 뇌는 온몸에 퍼져 있는 신경을 통해 우리 몸 구석구석에서 보내는 정보를 받아들여요. 정보가 신경을 통해 뇌로 전달되면, 뇌는 그 정보를 바탕으로 해야 할 일을 결정해 다시 몸의 여러 부분에 명령해요. 눈이 신호등의 빨간 불빛을 보면 이 정보가 신경을 통해 뇌로 전달돼요. 그러면 뇌는 "신호등이 빨간불이니까 건너지 말고 멈춰!" 하고 몸에 명령을 내리는 식이지요.

뇌가 가진 능력은 아직 다 밝혀지지 않았어요. 과학자들은 갖가지 첨단 과학 기술의 도움으로 아직 밝히지 못한 뇌의 비밀을 풀기 위해 노력하고 있어요.

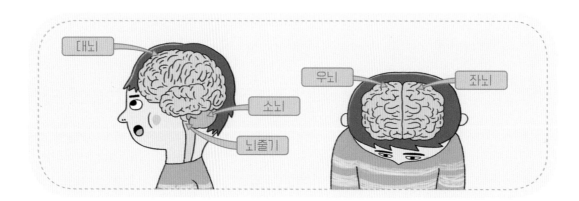

어휘 알기 색칠한 낱말과 초성을 보고 뜻풀이에 알맞은 낱말을 ____에 쓰세요.

| ㅅ | ㄱ | 우리 몸 각 부분 사이에 필요한 정보를 서로 전달하는 구실을 하는 기관. | _____ |

| ㅅ | ㅅ | ㅎ | ㄷ | 아주 작은 부분까지 자세하고 꼼꼼하다. | _____ |

| ㅊ | ㅅ | ㄹ | ㄱ | 일정한 큰 단위의 군대를 거느리고 지휘하는 사령관. | _____ |

독해력 기르기

01 이 글을 통해 알 수 <u>없는</u> 것은 무엇인가요? (   )

① 뇌가 있는 곳   ② 뇌의 생김새   ③ 뇌가 하는 일
④ 뇌가 좋아지는 법   ⑤ 뇌의 각 부분의 역할

02 이 글의 내용으로 알맞으면 ○, 알맞지 않으면 ✕ 하세요.

(1) 뇌는 단단한 머리뼈 속에 들어 있다.   (   )
(2) 대뇌는 우뇌와 좌뇌로 나뉘어 있다.   (   )
(3) 주먹 하나 정도의 크기인 뇌는 두부처럼 물컹하다. (   )

03 뇌의 각 부분이 하는 일을 찾아 선으로 이으세요.

(1) 대뇌   •   • (가) 몸의 균형을 잡고, 운동 명령을 조절한다.

(2) 소뇌   •   • (나) 느끼고 생각하는 역할을 한다.

(3) 뇌줄기 •   • (다) 심장 박동과 소화를 처리한다.

04 다음 설명에 해당하는 것은 무엇인지 이 글에서 찾아 쓰세요.

뇌와 몸의 각 기관이 정보를 주고받는 길이에요. 온몸 구석구석 뻗어 있어요. 눈, 코, 귀와 같은 감각 기관이 받아들인 정보는 이것을 통해 뇌로 전달되고, 뇌가 명령을 내리면 이것이 우리 몸의 각 기관에 전달해요.

☐☐

05 문단의 내용을 그림으로 나타냈어요. 뇌가 작동하는 순서에 따라 기호를 쓰세요.

(   ) ⟶ (   ) ⟶ (   )

06 이 글의 내용을 요약했어요. 빈칸에 들어갈 알맞은 말을 쓰세요.

처음	뇌는 우리 몸의 총사령관이다.
가운데	①☐☐☐ 안에 있는 뇌는 두 주먹을 맞댄 정도의 크기이고, 말랑하고, 쪼글쪼글하게 생겼다. ②☐☐는 느끼고 생각하는 역할을, 소뇌는 몸의 균형과 운동을, 뇌줄기는 심장 박동과 소화 등을 담당한다. 각 부위마다 ③☐☐이 정해져 있어서 여러 가지 일을 동시에 할 수 있다. 뇌는 신경을 통해 정보를 받아들이고, 몸에 명령을 내린다.
끝	과학자들은 첨단 과학 기술을 이용해 뇌가 가진 능력을 밝혀내기 위해 노력하고 있다.

① _____   ② _____   ③ _____

어휘력 더하기

📖 낱말의 뜻

빈칸에 공통으로 들어갈 낱말을 쓰세요.

☐☐ 유행이나 기술 등의 변화에서 가장 앞서 나가는 것.

최☐☐
시대나 유행의
맨 앞.

☐☐ 과학
수준이 높고
앞선 과학.

☐☐ 기기
앞선 과학 기술로 만든
기계나 기구.

☐☐ 산업
우주 항공, 컴퓨터 따위의 첨단
기술을 핵심으로 하는 산업.

📖 올바른 표기

알맞은 말에 ○ 하세요.

(1) 연극에서 내가 맡은 (역활 , 역할 , 역칼)은 토끼야.

(2) 각자 맡은 바 (역활 , 역할 , 역칼)에 최선을 다하다.

(3) 기둥은 지붕을 떠받치는 (역활 , 역할 , 역칼)을 한다.

자기가 마땅히 해야 할 맡은 바 임무 또는 연극이나 영화에서 배우가 맡은 역을 뜻하는 말이야.

토픽 한 줄 정리

뇌가 가진 능력을 알아볼까?

10초 동안 숫자를 보고, 30초 뒤에
숫자를 외워 봐!
92846838492020

클립의 새로운
쓰임을 다섯 가지
생각해 봐!

약점을 뜻하는 말이 우리 몸에서 나왔대.
궁금하면 다음 장을 넘겨 봐! >>>>>

아킬레우스 이야기

바다의 여신 테티스는 펠레우스왕과 결혼해 ㉠아킬레우스를 낳았어요. 부모가 모두 신이 아니면 자식은 영원한 생명을 가질 수 없었어요. 테티스는 ㉡아들을 죽지 않는 몸으로 만들고 싶었어요. 그래서 지하 세계에 있는 스틱스강에 아들의 몸을 담갔어요.

아킬레우스는 테티스의 바람대로 건강하게 자랐어요. 시간이 지나 어른이 된 아킬레우스는 트로이 전쟁에서 앞장서 싸웠어요. 화살이 빗발쳐도 한 발도 맞지 않았고, 칼싸움에서도 칼이 아킬레우스만 비켜 가는 것 같았어요. 트로이 병사들은 아킬레우스를 죽일 수 없다고 생각해, 두려움에 떨었어요. 전쟁이 9년 동안이나 계속되자, 아킬레우스는 ㉢트로이의 왕자 헥토르에게 결투를 신청했어요.

"헥토르, 나와 단둘이 결투를 해 승부를 결정짓자."

이 결투에서 아킬레우스는 헥토르를 죽였어요. 그런데 얼마 뒤, 아킬레우스는 헥토르의 여동생 폴릭세네를 보고 사랑에 빠졌어요. 헥토르의 또 다른 동생인 파리스는 폴릭세네를 이용해 아킬레우스를 죽일 계획을 세웠어요.

파리스는 폴릭세네를 시켜 아킬레우스를 아폴론 신전으로 유인했어요. 파리스는 신전에 숨어 아킬레우스를 기다리며 아폴론 신에게 들은 말을 떠올렸어요.

"아킬레우스의 발뒤꿈치가 ㉣그의 약점이다!"

파리스는 아킬레우스가 신전에 들어오자마자 ㉤그의 발뒤꿈치에 독화살을 쏘았어요. 발뒤꿈치는 아킬레우스의 몸 가운데 유일하게 스틱스 강물이 닿지 않은 부분이었어요. 수많은 전투에서도 죽지 않았던 아킬레우스는 발뒤꿈치에 맞은 화살 한 발에 허무하게 쓰러져 죽고 말았어요.

훗날 사람들은 죽음과 다를 바 없이 큰 피해를 주는 약점을 가리켜 '아킬레우스의 힘줄' 즉, '아킬레스건'이라고 불렀어요.

어휘 알기 색칠한 낱말과 초성을 보고 뜻풀이에 알맞은 낱말을 ___에 쓰세요.

ㅇ	ㅇ	주의나 흥미를 일으켜 꾀어냄.	_____

| ㅎ | ㅁ | ㅎ | ㄷ | 한심하거나 어이가 없다. | _____ |

| ㅂ | ㅂ | ㅊ | ㄷ | 거센 빗줄기처럼 쏟아지거나 떨어지다. | _____ |

독해력 기르기

01 이 글의 주인공의 가계도예요. 빈칸에 알맞은 이름을 쓰세요.

```
┌──────────┐        ┌──────────┐
│ 펠레우스왕 │────────│ 바다의 여신 │ □ □ □
└──────────┘        └──────────┘
              │
      ┌───────────────────┐
      │ □ □ □ □ □ │
      └───────────────────┘
```

02 이 글의 내용으로 알맞으면 ○, 알맞지 않으면 ✕ 하세요.

(1) 신의 자식인 아킬레우스는 영원한 생명을 가지고 태어났다. (   )

(2) 아킬레우스는 팔꿈치만 빼고 온몸이 스틱스강에 닿았다. (   )

(3) 어른이 된 아킬레우스는 트로이 전쟁에 나가 싸웠다. (   )

03 ㉠~㉤ 중 가리키는 사람이 다른 하나는 무엇인가요? (   )

① ㉠   ② ㉡   ③ ㉢   ④ ㉣   ⑤ ㉤

04 아킬레우스에게 일어난 일이에요. 일이 일어난 순서대로 기호를 쓰세요.

> ㉮ 아킬레우스는 트로이의 왕자 헥토르와 결투를 했다.
>
> ㉯ 파리스는 폴릭세네를 이용해 아킬레우스를 아폴론 신전으로 유인했다.
>
> ㉰ 결투에서 헥토르를 죽인 아킬레우스는 헥토르의 여동생 폴릭세네를 사랑하게 되었다.
>
> ㉱ 파리스는 아킬레우스가 아폴론 신전으로 들어서는 순간, 발뒤꿈치에 독화살을 쏘아 아킬레우스를 죽였다.

(㉮) ⟶ (   ) ⟶ (   ) ⟶ (   )

05 아킬레스건에 대해 바르게 말한 친구의 이름을 쓰세요. (   )

> **소라:** 아킬레스건은 아킬레우스가 발뒤꿈치에 화살을 맞고 죽은 일에서 유래한 말이야. 안타까운 죽음을 슬퍼할 때 이 말을 주로 쓰지.
>
> **가영:** 아킬레스건은 치명적인 약점이라는 뜻이야. 아무리 강한 사람도 아킬레스건 때문에 죽음을 맞을 수 있어.

06 이 글의 내용을 요약했어요. 빈칸에 들어갈 알맞은 말을 쓰세요.

> 테티스는 아킬레우스를 죽지 않는 몸으로 만들기 위해 ①☐☐☐강에 아킬레우스의 몸을 담갔다. 어른이 된 아킬레우스는 트로이 전쟁에서 앞장서 싸웠다. 아킬레우스는 자신이 죽인 헥토르의 여동생 폴릭세네를 사랑하게 되었다. 폴릭세네를 만나러 간 아킬레우스는 파리스가 ②☐☐☐☐에 쏜 독화살을 맞고 죽었다. ③☐☐☐☐☐은 죽음과 다를 바 없는 약점을 뜻하는 말로, 아킬레우스의 죽음에서 유래되었다.

① _____ ② _____ ③ _____

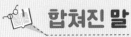
합쳐진 말

다음 낱말을 의미가 있는 두 개의 낱말로 나누어 써 보세요.

칼싸움	독화살	발뒤꿈치
칼 따위를 써서 하는 싸움.	촉에 독을 묻힌 화살.	발의 뒤쪽 발바닥과 발목 사이의 불룩한 부분.

모양이 같은 말

밑줄 친 낱말의 뜻을 찾아 선으로 이으세요.

(1) 화살을 열 발 쏘았는데 겨우 한 발 맞혔다. ·

(2) 창문에 발을 쳐서 햇빛을 가렸다. ·

(3) 발이 작년보다 3센티미터나 커졌다. ·

· (가) 사람이나 동물의 다리 맨 끝부분.

· (나) 총알, 화살 따위를 세는 단위.

· (다) 가늘고 긴 대를 줄로 엮거나 줄 따위를 여러 개 늘어뜨려 만든 물건.

토픽 한 줄 정리

남들에게 알리고 싶지 않은 약점, 아킬레스건이 있니?

☐ 나는 아킬레스건이 없어!

☐ 나의 아킬레스건은 _____

 우리 몸을 건강하게 지키는 방법은 무엇일까? 궁금하면 다음 장을 넘겨 봐! >>>>>

우리 몸을 지키는 방법

Q 선생님, 우리 몸은 왜 아플까요?

A 병에 걸리는 이유는 아주 다양해요. 병에 걸린 채 태어나기도 하고, 몸에 쌓인 나쁜 성분이나 스트레스가 병을 일으키기도 해요. 곰팡이와 세균, 바이러스와 같은 병원체가 병을 옮기기도 하고요. 몸이 가려운 무좀은 곰팡이가 일으켜요. 식중독은 세균 때문에 발생하고, 감기나 코로나와 같은 전염병은 바이러스가 퍼뜨려요.

Q 병원체가 우리 몸속으로 들어오지 못하게 막을 수 있나요?

A ㉠피부는 병원체를 막는 방어 막이에요. 그래서 병원체는 주로 코와 입을 통해 우리 몸속으로 들어와요. 그런데 코와 입안, 우리 몸속 장기는 점막으로 되어 있어요. ㉡점막은 축축하고 끈끈하기 때문에 병원체가 몸속 깊숙이 들어가지 못하게 붙잡아요. 혹시나 ㉢점막을 뚫은 병원체는 혈액 속의 백혈구와 림프구가 잡아먹어요. 이렇게 우리 몸속으로 병원체가 들어오지 못하게 방어하거나 침입한 병원체를 제거하는 능력을 '면역력'이라고 해요.

Q 어떻게 하면 면역력을 높일 수 있나요?

A 면역력을 높이려면 잘 먹고, 잘 쉬고, 적당하게 운동해서 몸을 건강하게 유지해야 해요. 몸이 건강하면 피부, 점막, 백혈구가 병원체를 더 잘 막을 수 있어요. 또 손 씻기를 잘해야 해요. 손을 통해 우리 입이나 코로 병원체가 옮겨지는 경우가 많거든요. 예방 주사는 우리 몸에 병원체가 들어왔을 때, 싸울 수 있는 능력을 키워 주니까 꼭 맞아야 해요.

▲ 우리 몸의 면역력을 높이는 방법

어휘 알기 색칠한 낱말과 초성을 보고 뜻풀이에 알맞은 낱말을 ___에 쓰세요.

| ㅈ | ㅁ | 입, 목구멍, 콧구멍 등의 벽을 덮고 있는 축축하고 부드러운 막.   _____

| ㅈ | ㄱ | 사람의 몸속에 있는 내장의 여러 기관.   _____

| ㅇ | ㅈ | ㅎ | ㄷ | 어떤 상태나 상황을 그대로 이어 가다.   _____

독해력 기르기

01 이 글의 주요 내용은 무엇인지 빈칸에 알맞은 말을 쓰세요.

병에 걸리는 [ ] [ ] 와 면역력을 키우는 방법

02 우리 몸에 들어와 병을 일으키는 것을 모두 골라 ○ 하세요.

| 세균 | 곰팡이 | 백혈구 | 바이러스 |

03 이 글에 나온 면역력에 대한 내용으로 알맞으면 ○, 알맞지 않으면 ✕ 하세요.

(1) 몸에 들어온 병원체를 제거하는 능력이다.   (   )

(2) 적당한 운동은 면역력을 높이는 데 도움이 된다.   (   )

(3) 예방 주사는 면역력을 높이는 유일한 방법이다.   (   )

(4) 우리 몸속으로 병원체가 들어오지 못하게 막는 것이다. (   )

04 우리 몸이 병원체를 막는 모습을 나타낸 그림이에요. ㉠~㉢ 중 각 그림에 해당하는 것의 기호를 쓰세요.

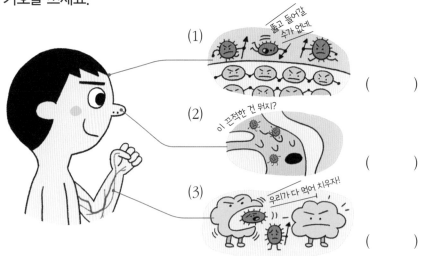

(1) 뚫고 들어갈 수가 없네. ( )

(2) 이 끈적한 건 뭐지? ( )

(3) 우리가 다 먹어 치우자! ( )

05 다음은 면역력을 높이는 방법에 대한 설명이에요. 무엇인지 이 글에서 찾아 쓰세요.

( )

> ☐ ☐☐는 감염병을 예방하는 데 가장 효과적인 방법이다. 물로 손을 적신 후 비누나 소독제로 손목, 손바닥, 손등, 손가락, 손톱 아래 등을 꼼꼼하게 문질러 닦는다. 흐르는 물로 잘 헹군 후 수건으로 물기를 닦아 잘 말린다.

06 이 글의 내용을 요약했어요. 빈칸에 들어갈 알맞은 말을 쓰세요.

> 세균, 바이러스, 곰팡이 같은 ①☐☐☐가 병을 일으킨다. ②☐☐는 병원체가 몸속으로 들어오는 것을 막고, 몸속 장기에 있는 점막은 병원체가 깊이 들어가지 못하게 붙잡는다. 점막을 뚫고 들어온 병원체는 백혈구나 림프구가 잡아먹는다. 병원체를 막는 힘을 ③☐☐☐이라고 한다. 몸을 건강하게 유지하고, 예방 주사를 잘 맞으면 면역력을 높일 수 있다.

① _____ ② _____ ③ _____

뜻이 비슷한 말

글자를 이용해 밑줄 친 말과 뜻이 비슷한 말을 만들어 빈칸에 쓰세요.

피부가 병원체의 공격을 <u>방어하다</u>.	바이러스가 전염병을 <u>퍼뜨리다</u>.	면역력은 병원체를 <u>제거하는</u> 능력이다.

하 막 방
해 피 다
☐ ☐

전 막 리
하 파 다
☐ ☐ ☐ ☐

제 애 있
없 존 는
☐ ☐ ☐

모양이 같은 말

밑줄 친 낱말의 뜻을 찾아 선으로 이으세요.

(1) 친구가 말한 답이 <u>맞았다</u>. •

(2) 할머니께서 반갑게 <u>맞아</u> 주셨어. •

(3) 엉덩이에 주사를 <u>맞았어</u>. •

• (가) 문제에 대한 답이 틀리지 아니하다.

• (나) 침, 주사 따위로 치료를 받다.

• (다) 오는 사람이나 물건을 예의로 받아들이다.

토픽 한 줄 정리

면역력을 높이기 위해 할 일을 써 봐!

☐ 음식 골고루 먹기 _____을(를) 먹을 거야.

☐ 깨끗하게 손 씻기 _____때마다 손을 씻을 거야.

☐ 날마다 운동하기 _____을(를) _____씩 할 거야.

 입는 로봇에 대해 알고 있니? 궁금하면 다음 장을 넘겨 봐! >>>>>

사람을 돕는 웨어러블 로봇

사람이 어떤 행동을 할 때 힘을 보태, 더 쉽고 편안하게 움직이도록 도와주는 로봇이 있어요. '입는 로봇'이라는 뜻에서 '웨어러블 로봇'이라고 해요.

2016년, 로봇과 장애인 융합 국제 대회인 사이배슬론 대회에서 다리가 완전히 마비된 사람이 웨어러블 로봇을 입고 계단을 오르고 징검다리를 건너는 모습이 방송되었어요. 장애로 걷지 못하던 사람이 웨어러블 로봇을 입고 걷는 모습에 많은 사람들이 놀랐어요. 또 장애를 이겨 낼 수 있다는 희망을 갖게 되었어요. 웨어러블 로봇은 장애인의 신체 활동을 돕는 재활 치료에서 큰 역할을 하고 있어요.

▲ 웨어러블 로봇을 입은 사이배슬론 대회 참가자

웨어러블 로봇은 산업 현장에서도 활발하게 쓰여요. 자동차 공장에서 높은 곳에 있는 부품을 조립하거나 분해할 때 웨어러블 로봇을 입으면 오랫동안 팔을 들고 있어도 팔이 덜 아파요. 타이어 공장에서 무거운 타이어를 교체할 때 웨어러블 로봇을 입으면 무게가 분산되어 힘이 덜 들고, 허리 부상을 예방할 수 있어요.

이 밖에도 무거운 장비를 들고 이동해야 하는 건설, 농업 현장이나 구조 활동을 벌이는 재난 현장에서 사람들이 더 ⓐ   일할 수 있게 도와요.

▲ 산업 분야에서 쓰이는 웨어러블 로봇

웨어러블 로봇의 활용 분야는 점점 넓어지고 있어요. 그만큼 더 가볍고, 편리한 웨어러블 로봇을 개발하기 위한 노력도 계속되고 있어요. 앞으로 웨어러블 로봇이 우리 생활을 어떻게 바꿀지 기대해 보아요.

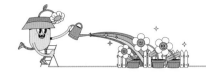

어휘 알기　색칠한 낱말과 초성을 보고 뜻풀이에 알맞은 낱말을 ___에 쓰세요.

| ㅈ | ㄴ |　뜻밖에 생긴 불행한 사고.

_____

| ㅂ | ㅅ |　따로따로 나뉘어 흩어짐.

_____

| ㅈ | ㅎ |　신체적으로 장애를 입은 사람이 그 장애를 극복하고 생활하거나 활동함.

_____

| ㅂ | ㅌ | ㄷ |　모자라는 것을 더하여 채우다.

_____

독해력 기르기

01 이 글에 대한 설명으로 알맞은 것을 모두 골라 ○ 하세요.

(1) 웨어러블 로봇에 대해 설명하는 글이다. 　　　　　　　　（　　　）

(2) 웨어러블 로봇이 어떻게 발전해 갈지를 설명하는 글이다. 　（　　　）

(3) 로봇과 장애인 융합 대회인 사이배슬론 대회를 알리는 글이다. 　（　　　）

(4) 사람이 어떤 행동을 할 때 힘을 보태, 쉽고 편안하게 움직이도록 도와주는
로봇에 대해 설명하는 글이다. 　　　　　　　　　　　　　（　　　）

02 이 글에 나온 웨어러블 로봇에 대한 설명으로 알맞지 <u>않은</u> 것은 무엇인가요? （　　　）

① 웨어러블 로봇은 옷처럼 입을 수 있게 만든 로봇이다.

② 웨어러블 로봇을 입으면 동작을 보다 쉽고, 편하게 할 수 있다.

③ 웨어러블 로봇은 장애인이 장애를 이겨 낼 수 있게 돕는다.

④ 웨어러블 로봇은 의료 분야에서만 쓰인다.

⑤ 웨어러블 로봇은 무거운 물건을 들 때 무게를 분산시켜 부상을 막는다.

03 ㉠에 들어가기에 알맞지 <u>않은</u> 말은 무엇인가요? (   )

① 쉽게   ② 편하게   ③ 안전하게   ④ 힘들게   ⑤ 빠르게

04 이 글에 나온 웨어러블 로봇의 쓰임으로 알맞은 것에 ○ 하세요.

(1)

웨어러블 로봇은 무거운
산소통과 화재 진압 장비를
들고 이동해야 하는 소방관의
체력 부담을 줄일 수 있다.

(2)

웨어러블 로봇을
이용하면 사람이 직접
일하지 않고, 힘든 일을
처리할 수 있다.

05 이 글의 내용을 요약했어요. 빈칸에 들어갈 알맞은 말을 쓰세요.

처음	①⬜⬜⬜⬜ 로봇은 몸을 더 쉽고 편안하게 움직일 수 있게 도와주는 로봇이다.
가운데	웨어러블 로봇은 장애를 가진 사람이 ②⬜⬜를 이겨 내고, 재활 치료를 하는 데 큰 역할을 하고 있다. 산업 현장에서 일하는 사람이 편하게 움직일 수 있게 돕고, 부상을 예방한다. 또 건설, 농업, 재난 현장 등에서 사람들이 더 빠르고 안전하게 일할 수 있게 돕고 있다.
끝	웨어러블 로봇의 활용 분야는 점점 ③⬜⬜⬜⬜ 있다.

① _____   ② _____   ③ _____

📖 뜻이 비슷한 말

글자를 이용해 밑줄 친 말과 뜻이 비슷한 말을 만들어 빈칸에 쓰세요.

신체에 힘을 <u>보태다.</u>

| 곱 | 보 | 빼 |
| 하 | 충 | 다 |

| | | | |

🔜 부족한 것을 보태어 채우다.

타이어를 <u>교체하다.</u>

| 갈 | 조 | 립 |
| 꾸 | 바 | 다 |

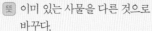

| | | | |

🔜 이미 있는 사물을 다른 것으로 바꾸다.

기계를 <u>분해하다.</u>

| 하 | 해 | 나 |
| 체 | 추 | 다 |

| | | | |

🔜 기계 따위를 뜯어서 나누다.

📖 헷갈리는 말

알맞은 말에 ○ 하세요.

개발
힘써 더 좋고 새롭게 만드는 것.

 VS

계발
재능이나 정신을 깨우쳐 발전시키는 것.

개발은 사물이나 사람 모두에 쓸 수 있지만 계발은 사람에게 주로 써.

(1) 회사들은 좋은 상품을 (개발 , 계발)하려고 노력한다.

(2) 외국어 능력을 (개발 , 계발)하다.

(3) 선생님은 아이들의 소질을 (개발 , 계발)하기 위해 애썼다.

토픽 한 줄 정리

너는 어떤 종류의 웨어러블 로봇을 입어 보고 싶니?

☐ 힘이 세지는 웨어러블 로봇   ☐ 동작을 오래 하도록 돕는 웨어러블 로봇

웨어러블 로봇을 입고 _____ 할 거야.

영웅이 된 헤라클레스

헤라는 남편인 제우스가 인간에게서 얻은 아들 헤라클레스를 몹시 미워했어요. 그래서 헤라클레스가 실수로 가족을 죽이게 만들었어요. 헤라클레스는 죄를 씻기 위해 '아무나 해낼 수 없는 열두 가지 일을 하라.'는 신의 명령을 받았어요.

㉠그중 하나가 아우게이아스왕의 외양간을 청소하는 일이었어요. 외양간에는 3천 마리의 소가 있었는데 30년 동안 한 번도 청소를 한 적이 없었어요. 그래서 소똥이 산더미처럼 쌓여 있었어요. 소똥 때문에 나라 전체에 고약한 냄새가 퍼지고, 사람들은 전염병으로 죽어 갔어요.

외양간을 둘러본 헤라클레스는 고개를 저었어요.

'삽으로 똥을 퍼서 내다 버리려면 몇 년이 걸릴 거야. 좋은 수가 없을까?'

헤라클레스는 고약한 냄새와 병으로 고통받는 사람들을 위해서 하루빨리 ㉡일을 끝내고 싶었어요. 그때, 헤라클레스의 머릿속에 좋은 생각이 떠올랐어요.

"아, 강물! 강물을 끌어오면 금세 씻어 낼 수 있을 거야."

외양간에서 그리 멀지 않은 곳에 강이 흐르고 있었어요. 헤라클레스는 강을 향해 양팔을 뻗었어요. 그리고 ㉢온 힘을 다해 강의 물줄기를 외양간 쪽으로 잡아당겼어요. 그러자 강물이 방향을 바꾸어 흐르기 시작했어요.

열려 있던 외양간 문으로 강물이 폭포수처럼 쏟아져 들어왔어요. 외양간에 쌓여 있던 똥들이 모조리 강물에 휩쓸려 떠내려갔어요. 외양간은 한나절 만에 말끔해졌지요. 나라 안에 퍼져 있던 고약한 냄새도 사라졌고요. 사람들은 헤라클레스를 향해 환호성을 질렀어요.

"헤라클레스 만세! 헤라클레스는 우리의 영웅이다!"

강줄기를 원래대로 되돌려 놓은 헤라클레스는 신이 명령한 다음 일을 하러 부지런히 떠났어요.

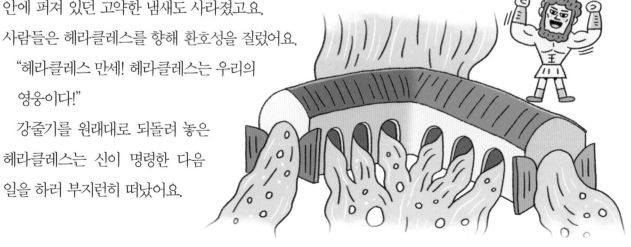

어휘 알기 색칠한 낱말과 초성을 보고 뜻풀이에 알맞은 낱말을 ___에 쓰세요.

| ㅎ | ㅎ | ㅅ | 기뻐서 크게 부르짖는 소리. | _____ |

| ㅈ | ㅇ | ㅂ | 세균이나 바이러스 등에 의해 집단적으로 유행하는 병. | _____ |

| ㅎ | ㅆ | ㄹ | ㄷ | 물, 불, 바람 따위에 모조리 휘몰려 치워지다. | _____ |

독해력 기르기

01 헤라클레스에 대한 설명으로 알맞지 <u>않은</u> 것은 무엇인가요? (   )

① 제우스의 아들이다.

② 실수로 가족을 죽였다.

③ 부모가 모두 신이다.

④ 헤라의 미움을 받았다.

⑤ 죄를 씻기 위해 신의 명령을 받았다.

> 등장인물에 대한 소개는 대부분 이야기의 앞부분에 나와.

02 ㉠과 ㉡은 무엇을 말하는지 알맞은 것을 찾아 선으로 이으세요.

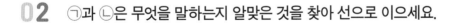

(1)　　㉠　　•

(2)　　㉡　　•

• (가) 아무나 해낼 수 없는 열두 가지 일

• (나) 아우게이아스왕의 외양간을 청소하는 일

03 외양간을 청소하지 않아 생긴 일로 알맞은 것에 모두 ○ 하세요.

(1) 소똥이 산더미처럼 쌓였다. ( )

(2) 3천 마리의 소가 심각한 전염병으로 죽었다. ( )

(3) 나라 전체에 고약한 냄새가 퍼지고, 사람들이 전염병에 걸렸다. ( )

04 ㉢을 통해 짐작할 수 있는 헤라클레스의 능력에 대해 바르게 말한 친구에 ○ 하세요.

(1)
헤라클레스는 강물을 거꾸로 흐르게 하는 능력이 있어.

(2)
헤라클레스는 강의 물줄기를 바꿀 정도로 힘이 아주 세.

05 외양간을 청소한 뒤에 있었던 일이 <u>아닌</u> 것에 ✕ 하세요.

(1) 나라 전체에 퍼져 있던 고약한 냄새가 사라졌다. ( )

(2) 사람들은 기뻐하며, 헤라클레스를 신으로 모셨다. ( )

(3) 헤라클레스는 바꾸었던 강줄기를 원래대로 돌려놓았다. ( )

06 이 글의 내용을 요약했어요. 빈칸에 들어갈 알맞은 말을 쓰세요.

헤라클레스는 가족을 죽인 ①◻︎를 씻기 위해 아무도 해낼 수 없는 열두 가지 일을 하라는 신의 명령을 받았다. 헤라클레스는 아우게이아스왕의 외양간에 산더미처럼 쌓인 ②◻︎◻︎ 때문에 고약한 냄새와 전염병으로 고통받는 사람들을 위해 ③◻︎의 물줄기를 바꾸어 외양간을 청소했다. 청소를 마친 헤라클레스는 사람들의 환호성을 받으며 다음 일을 하러 떠났다.

① _____ ② _____ ③ _____

뜻이 비슷한 말

글자를 이용해 밑줄 친 말과 뜻이 비슷한 말을 만들어 빈칸에 쓰세요.

방		법
	게	
끗		하
	깨	

(1) 외양간을 빨리 청소할 좋은 <u>수</u>가 없을까?

☐ ☐

(2) 외양간이 금세 <u>말끔하게</u> 변했다.

☐ ☐ ☐ ☐

뜻이 여러 개인 말

밑줄 친 말이 어떤 뜻으로 쓰였는지 번호를 쓰세요.

① 비위에 거슬릴 정도로 나쁘다.

고약하다

② 마음씨나 말과 행동 등이 사납다.

③ 날씨, 바람 등이 거칠고 사납다.

(1) 이번 주 내내 날씨가 <u>고약하군</u>.　　　　(　)

(2) 아이가 성질이 <u>고약해</u> 떼를 자주 쓴다.　(　)

(3) 온 마을에 <u>고약한</u> 냄새가 퍼졌다.　　　(　)

(4) 처음 본 열매에서 아주 <u>고약한</u> 맛이 났다. (　)

토픽 한 줄 정리

헤라클레스는 영웅일까, 아닐까?

☐ 영웅이다!　　　☐ 영웅이 아니다!

왜냐하면 _____

 위기의 순간, 나라를 구한 영웅에 대해 알고 싶니? 궁금하면 다음 장을 넘겨 봐! >>>>>

나라를 구한 영웅들

　나라가 위험에 빠지면 우리는 영웅을 기다려요. 지혜와 용기가 뛰어난 사람이 나타나 나라를 구하기를 바라지요. 위기의 순간, 나라를 구한 영웅은 누구일까요?

　조선 시대 때 우리나라를 지킨 영웅이 있어요. 바로 이순신 장군이에요. 이순신 장군은 평소 일본군의 침입에 대비해 ㉠무기를 손보았어요. 임진왜란이 시작되자 적을 공격하기에 앞서 전투 상황을 빈틈없이 분석하였지요. 이순신 장군은 날마다 ㉡작전 회의를 열고, ㉢군사 훈련을 하여 완전한 전투태세를 갖추었어요. 덕분에 육지에서의 전투는 대부분 졌지만, 이순신 장군이 이끈 해전에서는 한 번도 패하지 않았고, 단 한 척의 배도 잃지 않았어요. 동료의 모함으로 옥에 갇히기도 했지만, 불평 한마디 없이 끝까지 싸워 조선을 구했어요.

　중세 시대 프랑스를 구한 소녀 영웅도 있어요. 프랑스와 영국은 백여 년 동안 전쟁을 하였어요. 프랑스의 거듭된 패배로 백성들은 죽어 갔고, 영국의 횡포는 날로 심해졌어요. 이때 열여섯 살 소녀 잔 다르크가 전투에 나서며 프랑스는 기적 같은 승리를 이루어 냈어요. 죽음을 두려워하지 않는 소녀의 모습에서 용기를 얻은 프랑스군은 영국군을 몰아냈고 마침내 백 년 전쟁은 막을 내렸지요. 하지만 적에게 붙잡힌 잔 다르크는 열아홉 살이라는 어린 나이에 죽음을 맞았어요.

　이순신과 잔 다르크는 죽음을 두려워하지 않고, 적과 맞서 싸워 나라를 구했어요. 두 영웅의 용기와 희생은 오늘날까지 많은 이들에게 감명을 주고 있어요.

어휘 알기 색칠한 낱말과 초성을 보고 뜻풀이에 알맞은 낱말을 ＿＿에 쓰세요.

ㅎ ㅍ 　제멋대로 굴며 몹시 난폭함.
　　　　　　　　＿＿＿＿＿＿＿＿＿＿

ㅁ ㅎ 　나쁜 꾀로 남을 어려운 처지에
　　　　빠지게 함.
　　　　　　　　＿＿＿＿＿＿＿＿＿＿

ㅅ ㅂ ㄷ 　결점이 없도록 잘 매만지고 보살피다.
　　　　　　　　＿＿＿＿＿＿＿＿＿＿

ㅈ ㅌ ㅌ ㅅ 　곧 싸움에 들어설 수 있도록
　　　　　　　준비하고 있는 상태.
　　　　　　　　＿＿＿＿＿＿＿＿＿＿

독해력 기르기

01 이 글을 쓴 목적은 무엇인지 알맞은 설명에 ○ 하세요.

(1) 위기에 빠진 나라를 구한 영웅을 소개하기 위해서 （　　　）
(2) 이순신과 잔 다르크의 다른 점을 알리기 위해서 　（　　　）

02 다음 설명에 해당하는 사람을 찾아 선으로 이으세요.

(1) 일본군과 치른 해전에서 모두 승리했다.

(2) 동료에게 모함을 당해 감옥에 갇혔다.

(3) 백 년 전쟁에서 프랑스군을 승리로 이끌었다.

(4) 적군에게 잡혀 죽음을 맞았다.

(가) 이순신

(나) 잔 다르크

03 이 글의 내용을 바르게 이해한 친구에 ○ 하세요.

(1)
> 열여섯 살밖에 안 된 어린 소녀를 전쟁터에 내보내다니! 프랑스는 정말 너무해.

(2)
> 목숨을 걸고 나라를 구하기 위해 나서다니! 이순신 장군과 잔 다르크의 용기에 감동했어.

04 ㉠~㉢ 중 다음 내용과 관련 있는 것의 기호를 쓰세요. (   )

> 이순신 장군은 바다에서의 싸움에서 이기려면 일본군이 조선군의 배로 넘어오는 것을 막아야 한다고 생각했어요. 그래서 조선군의 배를 고쳤어요. 배 앞에 용머리를 달고, 배의 앞과 옆에서 화포를 쏠 수 있게 했어요. 또 배의 윗부분에 단단한 나무를 씌우고, 그 위에 철판을 대고 쇠못을 박았어요. 이렇게 만들어진 거북선은 조선군이 전투에서 승리하는 데 큰 역할을 했어요.

05 이 글의 내용을 요약했어요. 빈칸에 들어갈 알맞은 말을 쓰세요.

> 위기에 처한 ① ☐☐를 구한 영웅을 소개하고자 한다.

> 임진왜란 당시 ② ☐☐☐은 철저한 준비를 통해 일본군을 물리쳐 조선을 구했다.

> ② ☐☐☐☐는 패배를 거듭하던 프랑스군을 승리로 이끌었다.

> 두 영웅의 희생과 용기는 오늘날까지 많은 감동을 주고 있다.

① _____   ② _____   ③ _____

 전(戰)이 들어간 낱말

빈칸에 알맞은 글자를 쓰세요.

	쟁
나라들이 온갖 무기를
써서 싸우는 것.

戰
싸울 전

	투
두 편의 군대가
무장하여 싸움.

해	
바다에서 벌이는
싸움.

대	
여러 나라가 싸우는
규모가 큰 전쟁.

 관용 표현

빈칸에 공통으로 들어갈 한 글자 낱말을 쓰세요.

연극에서 배우와 관객을 나누는 곳에 드리워져 있는 두꺼운 천을 뜻하는 말이야. 연극의 단락을 세는 단위로 쓰여.

| 　 |이 내리다
어떤 일이나 행사를
끝내다.

| 　 |이 오르다
어떤 일이나 행사를
시작하다.

토픽 한 줄 정리　네가 생각하는 최고의 영웅은 누구니?

☐ 이순신 장군　　☐ 잔 다르크　　☐ ＿＿＿＿＿＿＿＿＿

왜냐하면 ＿＿＿＿＿＿＿＿＿＿＿＿＿＿＿＿＿＿＿＿＿＿＿＿＿＿＿

 수박에서 나온 영웅이 있대. 누구냐고?
궁금하면 다음 장을 넘겨 봐! >>>>>

수박 동자 이야기

아주 먼 옛날, 한 아이가 태어났어요. 그런데 그 모습이 해괴했어요. 눈, 코, 입도 없고, 팔다리도 없는 것이 그저 수박같이 둥그런 덩어리였거든요. 모습이 아무리 해괴해도 자식을 버릴 수는 없는 일. 부모는 수박덩이를 정성껏 키웠어요.

수박덩이는 점점 자랐어요. 그러다 십 년이 지난 어느 날, 수박 같은 허물을 벗고 아이가 반듯한 모습을 드러냈어요. 부모는 아이에게 이름을 지어 주었지요.

"둥글둥글 둥그런 모양으로 세상에 나왔으니 김원이라 합시다."

원이는 날마다 활을 쏘고, 검을 휘두르며 무술을 익혔어요. 열다섯 살이 될 무렵에는 아주 늠름한 청년이 되었어요.

하루는 원이 무예 연습을 하러 산을 오르는데 어디선가 흐느끼는 소리가 들렸어요. 달려가 보니, 공주 셋이 머리가 아홉 개 달린 괴물에게 붙잡혀 있었어요. 원이 검으로 괴물을 공격했어요. 그러자 괴물은 끔찍한 웃음을 터뜨렸어요.

"하하, 고깟 칼로 나를 죽이려고? 나는 억만 년 동안 지하 세계에서 살아온 구두장군이다. 죽고 싶지 않으면 물러서라."

구두장군은 커다란 바위틈으로 공주들을 데리고 사라졌어요. 원은 망설이지 않고, 따라 들어갔지요.

원이 구두장군의 소굴 앞에 도착했을 때 마침 공주들이 빨랫감을 들고 나왔어요. 원은 공주들에게 자기를 구두장군에게 데려가 달라고 했어요. 그리고 중얼중얼 주문을 외더니 수박덩이로 변신했어요. 공주들은 빨랫감에 수박덩이를 숨겨, 구두장군이 있는 곳으로 갔어요.

구두장군은 공주들이 준 술을 마시고는 금세 곯아 떨어졌어요. 그때 수박덩이에서 원이 쑥 나오더니 잠든 구두장군의 머리를 모두 잘랐어요. 하지만 잘린 머리가 순식간에 제자리로 돌아가 붙었어요.

원이 다시 칼로 머리를 내리치자, 공주들이 재빨리 머리가 잘린 자리에 재를 뿌렸어요. 그러자 억만 년을 산 괴물 구두장군이 꼼짝없이 죽었답니다.

어휘 알기 색칠한 낱말과 초성을 보고 뜻풀이에 알맞은 낱말을 ____에 쓰세요.

| ㅎ | ㅁ | 살갗에서 저절로 일어나는 꺼풀. | _____ |

| ㅅ | ㄱ | 도적 따위와 같이 해를 끼치는 무리가 활동의 근거지로 삼고 있는 곳. | _____ |

| ㅎ | ㄱ | ㅎ | ㄷ | 매우 놀랄 정도로 괴상하고 이상하다. | _____ |

| ㄴ | ㄹ | ㅎ | ㄷ | 생김새나 태도가 의젓하고 당당하다. | _____ |

독해력 기르기

01 이 글의 주인공에 대한 설명으로 알맞지 <u>않은</u> 것은 무엇인가요? (   )

① 이름은 김원이다.

② 수박처럼 둥그런 덩어리로 태어났다.

③ 몸이 약하여 무예를 잘하지 못했다.

④ 태어난 지 십 년 뒤에 허물을 벗고, 사람의 모습이 되었다.

⑤ 얼굴도, 팔다리도 없이 태어났다.

02 이 글에 나오는 구두장군의 생김새로 알맞은 것에 ○ 하세요.

(1)

(2)

구두장군의 생김새를 설명한 부분을 찾아서 다시 읽어 봐!

03 이야기의 내용을 그림으로 나타냈어요. 일이 일어난 순서대로 기호를 쓰세요.

(   ) → (   ) → (   ) → (   )

04 이 글 뒤에 이어질 내용으로 어울리는 것에 ○ 하세요.

(1) 김원은 공주들이 구두장군에게 잡혀가게 두었다고 큰 벌을 받았다. (   )

(2) 김원은 공주들을 무사히 구한 공을 인정받아 나라의 큰 장수가 되었다. (   )

05 이 글의 내용을 요약했어요. 빈칸에 들어갈 알맞은 말을 쓰세요.

김원은 ① ☐☐ 처럼 둥그런 덩어리로 태어나, 십 년이 지나서야 사람이 되었다.
무예 연습을 하러 갔다가 공주들이 ② ☐☐☐☐ 에게 잡혀가는 것을 보았다.
김원은 수박덩이로 변신해 구두장군의 소굴에 들어갔다. 김원이 구두장군의 머리를 자르고, 잘린 자리에 공주들이 ③ ☐ 를 뿌려 구두장군을 죽였다.

① _____   ② _____   ③ _____

 낱말의 **반대말**

주어진 낱말의 반대말을 찾아 빈칸에 쓰세요.

| 무섭다 | 만만하다 | 드러내다 | 멋지다 | 나서다 |

끔찍하다		숨기다
무섭거나 싫거나 하여 진저리가 날 정도이다.	앞으로 나와 서다.	감추어 보이지 않게 하다.

⇕　　　⇕　　　⇕

	물러서다	
보기에 썩 좋고, 훌륭하다.	뒤나 옆으로 비켜서다.	가려 있거나 보이지 않던 것을 보이게 하다.

 큰말 작은말

큰말에 해당하는 작은말을 찾아 선으로 이으세요.

(1)　중얼중얼　•　　•　(가)　동글동글

(2)　둥글둥글　•　　•　(나)　종알종알

> 큰말에는 ㅓ, ㅜ 같은 모음을, 작은말에는 ㅏ, ㅗ 같은 모음을 주로 써.

토픽 한 줄 정리　　수박 동자 김원처럼 특별한 영웅을 상상해 봐!

내가 상상한 영웅은 _____처럼 생겼고,

_____하는 재주가 있지.

> 우리 주변에도 영웅이 있을까? 궁금하면 다음 장을 넘겨 봐! >>>>>

우리 주변의 영웅을 찾아라!

시청자 여러분, 안녕하세요! 이웃을 지키는 세상 속 영웅을 찾아가는 '기자가 간다!' 시간입니다. 지난 3월, 서울에 있는 한 다가구 주택에서 불이 났습니다. 건물이 거센 불길에 휩싸인 순간, 소방관들이 건물로 뛰어들어 시민들을 구했습니다.

"2층이 불바다였어요. 빠져나올 방법이 없어서 막막했는데, 소방관들이 불길을 뚫고 들어와 우리를 구해 줬어요. ㉠그분들은 제 생명의 은인이자, 영웅이에요."

이때 구조된 한 시민은 당시의 상황을 떠올리면 무섭지만, 자신을 구해 준 소방관을 생각하며 두려움을 이겨 내고 있다고 했습니다. 화재를 진압하다 다쳐, 병원에 입원 중인 소방관은 영웅이란 말에 부끄러운 듯 웃었습니다.

"어휴, 영웅이라뇨. 저는 제 일을 했을 뿐이에요. 일을 하다 보면 무섭거나 힘들 때도 있지만, 고맙다고 말해 주는 시민들이 있어 보람을 느끼고 있습니다."

우리가 만난 영웅은 영화 속 영웅처럼 하늘을 날거나, 무너지는 건물을 맨몸으로 막을 만큼 힘이 세진 않습니다. 하지만 위험에 빠진 이웃을 구하려는 정의감, 두려움을 이겨 내고 불로 뛰어드는 용기, 타인을 위해 다치는 것도 마다하지 않는 희생정신, 자신의 일에 최선을 다하는 사명감은 그 어떤 영화 속 영웅에게도 뒤지지 않습니다. 이들이야말로 세상을 지켜 주는 진정한 영웅이 아닐까요?

어휘 알기 색칠한 낱말과 초성을 보고 뜻풀이에 알맞은 낱말을 ＿＿에 쓰세요.

| ㅅ | ㅁ | ㄱ |

주어진 임무를 잘 수행하려는
마음가짐.

＿＿＿＿＿＿＿＿＿＿

| ㅁ | ㄷ | ㅎ | ㄷ |

거절하거나 싫다고 하다.

＿＿＿＿＿＿＿＿＿＿

| ㅁ | ㅁ | ㅎ | ㄷ |

어찌해야 할지 몰라 몹시
답답하다.

＿＿＿＿＿＿＿＿＿＿

독해력 기르기

01 이 글을 쓴 목적은 무엇인지 알맞은 설명에 ○ 하세요.

(1) 소방관이 하는 일을 알려 주려고   (   )

(2) 위험을 무릅쓰고, 생명을 구한 소방관을 소개하려고   (   )

(3) 화재의 원인을 밝히고, 화재 예방을 위해 해야 할 일을 알리려고   (   )

02 이 글을 방송 장면으로 구성할 때 다음 내용을 말하는 사람은 누구일까요? (   )

> 불속에 있을 때를 떠올리면 무섭지만
> 저를 구해 준 분들을 생각하며 두려움을
> 이겨 내고 있습니다.

① 화재를 진압한 소방관   ② 화재 현장에서 구조된 시민

③ 화재 현장을 취재한 기자   ④ 화재 사건을 수사하는 경찰관

⑤ 소방관을 치료하는 의사

03 ㉠이 가리키는 사람은 누구인가요? (   )

① 기자   ② 이웃   ③ 소방관   ④ 시민   ⑤ 주민

04 이 글에서 소방관을 영웅이라고 말한 까닭에 해당하지 <u>않는</u> 것에 ✕ 하세요.

(1) 두려움을 이겨 내고 용감하게 불로 뛰어들었기 때문에 (　　　　)

(2) 위험에 처한 이웃을 구하려는 정의감을 가졌기 때문에 (　　　　)

(3) 영화 속 영웅만큼 대단한 능력을 가졌기 때문에 (　　　　)

(4) 다른 사람을 구하려고 나섰기 때문에 (　　　　)

05 이 글에 나오는 방송 프로그램 '기자가 간다!'에서 소개하기에 알맞은 내용을 말한 친구의 이름을 쓰세요. (　　　　　　　　)

> **소라**: 우리 반 수찬이네 가족은 몇 년 동안 소아암 환자를 위해 기부를 하고 있대. 수찬이는 물건을 아껴 쓰기로 유명해. 솔직히 구두쇠 같다고 생각 했는데, 알고 보니 이웃을 도울 줄 아는 마음 따뜻한 친구야. 정말 멋져!
> **진영**: 창수 형은 축구, 야구, 농구까지 못하는 게 없어. 지고 있어도 결코 포기 하지 않고 끝까지 최선을 다해. 영웅이 따로 없지.

06 이 글의 내용을 요약했어요. 빈칸에 들어갈 알맞은 말을 쓰세요.

> '기자가 간다!' 프로그램에서 화재 현장에서 시민을 구조한 ① ☐☐☐ 을 찾아 갔다. 구조된 시민은 소방관들을 자신의 은인이자 ② ☐☐ 이라며 칭찬했다. 화 재를 진압하다 다친 소방관은 자신의 일을 했을 뿐이라며 겸손한 태도를 보였 다. 용기와 정의감, 그리고 ③ ☐☐☐ 과 희생정신까지 두루 갖춘 소방관이야 말로 진정한 영웅이다.

① ＿＿＿＿＿＿＿　　② ＿＿＿＿＿＿＿　　③ ＿＿＿＿＿＿＿

뜻이 비슷한 말

뜻이 비슷한 낱말끼리 선으로 이으세요.

두려움 •   • 남

생명 •   • 공포

타인 •   • 목숨

휩싸이다 •   • 잠재우다

진압하다 •   • 뒤덮이다

뒤지다 •   • 뒤떨어지다

 모양이 같은 말

밑줄 친 낱말의 뜻을 찾아 선으로 이으세요.

(1) 흔들리던 이가 쏙 <u>빠졌어</u>. •

(2) 위험에 <u>빠진</u> 사람을 구해 냈어. •

(3) 나라가 위기에 <u>빠졌어</u>. •

• (가) 어떤 상황에 놓이다.

• (나) 박힌 물건이 제자리에서 나오다.

토픽 한 줄 정리   네 주변에 있는 영웅을 소개해 봐!

내가 아는 영웅은 _____ 이야.

왜냐하면 _____ 때문이야.

 영웅이 영웅으로 여기는 사람은 누구일까?
궁금하면 다음 장을 넘겨 봐! >>>>>

영웅의 영웅, 롤 모델

지민 축구 영웅 손흥민 선수가 박지성 선수를 자신의 영웅이자 롤 모델이라고 말한 기사를 보았어요. 롤 모델이 뭐예요?

선생님 롤 모델은 본받을 만하거나 모범이 되는 사람을 말한단다.

지민 롤 모델이 있으면 어떤 점이 좋아요?

선생님 손흥민 선수는 박지성 선수를 보면서 축구 기술을 익히고, 최고의 선수가 되려면 무엇을 해야 하는지를 배웠다고 해. 롤 모델이 있으면 꿈을 이루기 위해 해야 할 일을 아는 데 도움이 된단다.

지민 롤 모델은 어떻게 정해요? 유명하거나 좋아하는 사람이면 되나요?

선생님 유명하다고 롤 모델이 되는 건 아니야. 롤 모델을 정할 때 제일 중요한 건 너의 꿈이야. 네가 꿈꾸는 분야에서 업적을 남긴 사람들 중에서 닮고 싶은 사람을 롤 모델로 삼을 수 있어. 롤 모델이 이루어 낸 성과 뿐만 아니라 꿈을 이루기 위해 어떤 노력을 했는지도 살펴봐야 해. 그리고 롤 모델을 본받아 노력하다 보면 꿈에 더 가까워질 수 있단다.

지민 저는 아직 꿈이 없는데 그러면 롤 모델도 정할 수 없는 거예요?

선생님 그렇지 않아. 너는 아직 어리니까 꿈을 찾을 시간은 충분해. 조급하게 롤 모델을 정하기보다 다양한 분야에 관심을 기울이고 그 분야에서 활약한 사람에 대해 알아 가다 보면 꿈과 롤 모델을 찾을 수 있을 거야. 그러니까 네가 좋아하고 잘하고 싶은 일부터 차근차근 찾아보렴.

어휘 알기 색칠한 낱말과 초성을 보고 뜻풀이에 알맞은 낱말을 ___에 쓰세요.

| ㅁ | ㅂ | 본받아 배울 만한 행동을 하는 사람.

_____

| ㅇ | ㅈ | 열심히 노력하여 이루어 낸 결과.

_____

| ㅎ | ㅇ | ㅎ | ㄷ | 활발하게 활동하다.

_____

독해력 기르기

> 중심 낱말은 글에서 여러 번 반복해서 나오거나 여러 낱말을 대표하는 낱말인 경우가 많아. 두 사람이 무엇에 대해 말하고 있는지 살펴봐!

01 이 글의 중심 낱말은 무엇인가요?

| | | |

02 이 글의 내용으로 알맞으면 ○, 알맞지 않으면 ✕ 하세요.

(1) 롤 모델은 본받을 만하거나 모범이 되는 사람을 가리킨다.   (   )

(2) 롤 모델이 있으면 꿈을 이루기 위해 할 일을 아는 데 도움이 된다. (   )

(3) 롤 모델은 유명하거나 인기가 있는 사람 중에서 골라야 한다.   (   )

03 다음에서 설명하는 것은 무엇일까요? 이 글에서 찾아 쓰세요.

> 이루고 싶은 희망이나 이상을 뜻하는 말로,
> 롤 모델을 정할 때 가장 중요한 기준이 된다.

| |

04 이 글의 설명을 바탕으로 롤 모델을 정하는 순서에 따라 기호를 쓰세요.

> ㉮ 롤 모델을 본받아 꿈을 이루기 위해 노력한다.
>
> ㉯ 나의 꿈과 관련한 분야에서 업적을 남긴 사람을 찾고, 그중에서 본받고 싶은 사람을 정한다.
>
> ㉰ 나의 꿈이 무엇인지 생각해 본다.
>
> ㉱ 내가 본받고 싶은 사람이 꿈을 이루기 위해 어떤 노력을 했는지 살펴본다.

(   ) → (㉯) → (   ) → (   )

05 이 글의 내용을 바르게 이해한 친구의 이름을 쓰세요. (   )

> 소라: 롤 모델은 한 분야에서 성공한 사람이어야 해. 내 꿈은 가수니까 이번 주에 음악 프로그램에서 1위를 한 가수를 무조건 나의 롤 모델로 삼을 거야.
>
> 진영: 난 아직 꿈을 정하지는 못했지만 피아노 치는 걸 좋아해. 그래서 세계적으로 이름난 피아니스트와 음악가에 관한 책을 읽으며 그들에게서 배울 점을 찾고 있어. 이렇게 하다 보면 멋진 꿈과 롤 모델을 찾을 수 있을 거야.

06 이 글의 내용을 요약했어요. 빈칸에 들어갈 알맞은 말을 쓰세요.

> ①☐☐☐은 본받을 만한 사람이다. 롤 모델은 꿈에 따라 정한다. 자신이 꿈꾸는 분야에서 활약한 사람 중에서 본받을 만한 사람을 골라, 그 사람이 이룬 성과와 꿈을 이루기 위해 어떤 ②☐☐을 했는지 살펴본다. 꿈을 정하지 못했다면 관심 있는 분야를 두루 살펴, 분야마다 활약한 사람에 대해 알아 가다 보면 ③☐과 롤 모델을 찾을 수 있다.

① _____   ② _____   ③ _____

낱말의 반대말

주어진 낱말의 반대말을 찾아 빈칸에 쓰세요.

살펴보다

찾아보다

느긋하다

부족하다

조급하다
참을성이 없이 몹시 급하다.

⇕

☐☐☐☐
여유가 있고 급하지 않다.

☐☐☐☐
기준에 미치지 못해 충분하지 아니하다.

⇕

충분하다
모자람이 없이 넉넉하다.

뜻이 여러 개인 말

밑줄 친 말의 뜻으로 알맞은 것의 번호를 쓰세요.

① 정성이나 노력 등을 한곳으로 모으다.

기울이다

② 무엇을 한쪽으로 비스듬히 하거나 굽히다.

(1) 동생이 고개를 갸우뚱 기울였다.　(　　)

(2) 선생님의 말씀에 주의를 기울였다.　(　　)

(3) 퍼즐을 완성하는 데 온 힘을 기울였다.　(　　)

토픽 한 줄 정리　　너의 꿈과 롤 모델을 소개해 봐!

나의 꿈은＿＿＿＿＿＿＿＿＿＿＿＿＿＿＿＿＿＿＿＿＿＿＿＿＿＿＿＿＿

나의 롤 모델은＿＿＿＿＿＿＿＿＿＿＿＿＿＿＿＿＿＿＿＿＿＿＿＿＿＿＿

최고의 방귀쟁이를 가리는 방법을 살펴봐!

우리 　전래

방귀 시합

옛날에 소문난 방귀쟁이 둘이 윗마을과 아랫마을에 살았어. 하루는 아랫마을 방귀쟁이가 윗마을 방귀쟁이를 찾아갔지.

"누구 방귀가 센지 한번 겨루어 보자."

그런데 윗마을 방귀쟁이가 나들이를 가고 없네.

"내가 다녀간 흔적이나 남기고 가야겠군."

아랫마을 방귀쟁이가 윗마을 방귀쟁이네 집 기둥에 대고, 뿡!

그랬더니 아, 기둥이 풀썩 쓰러지지 뭐야?

"하하하! 역시 방귀는 내가 최고야!"

아랫마을 방귀쟁이는 싱글벙글하며 집으로 돌아갔어.

얼마 뒤 윗마을 방귀쟁이가 돌아와 부러진 기둥을 보고 말했어.

"흠, 아랫마을 방귀쟁이가 다녀갔군. ㉠감히 방귀로 나를 이기려고? 어림없지."

윗마을 방귀쟁이가 아랫마을 방귀쟁이 집을 향해 방귀를 힘껏 뀌었어. 빠앙!

그러자 마당에서 놀던 아랫마을 방귀쟁이 아들이 굴뚝으로 휙 날아갔어.

"아니, 내 귀한 아들을! 흥, 누구 방귀가 센지 겨루어 보자 이거군!"

아랫마을 방귀쟁이가 절구통에 엉덩이를 대고 방귀를, 뿌뿡!

그랬더니 절구통이 윗마을 방귀쟁이 집으로 휘릭 날아갔지.

"앗! 절구통이 날아오네. 오냐, 누가 이기나 해보자!"

윗마을 방귀쟁이가 날아오는 절구통에 대고, 빠빵!

절구통이 다시 아랫마을 방귀쟁이 집으로 휘리릭!

아랫마을 방귀쟁이가 또 절구통에 대고, 뿌부뿡!

절구통이 다시 윗마을 방귀쟁이 집으로 휘릭!

빠바빵! 휘리릭!

뿌룽뿌룽 뿡뿡! 휘릭!

아직도 ⓛ 　이 날아다니고

있다나 뭐라나!

76 토픽으로 잡는 똑똑한 초등 독해

어휘 알기 색칠한 낱말과 초성을 보고 뜻풀이에 알맞은 낱말을 ___에 쓰세요.

| ㅈ | ㄱ | 곡식을 빻거나 찧으며 떡을 치기도 하는 기구. | _____ |

| ㄴ | ㄷ | ㅇ | 집을 떠나 가까운 곳에 잠시 다녀오는 일. | _____ |

| ㅂ | ㄹ | ㅈ | ㄷ | 단단한 물체가 꺾여서 둘로 동강이 나다. | _____ |

독해력 기르기

01 이야기에 나오는 두 인물은 무엇을 겨루었나요? 빈칸에 알맞은 말을 쓰세요.

누구의 [   ][   ] 가 더 센지 겨루었다.

02 이야기의 내용을 그림으로 나타냈어요. 일이 일어난 순서대로 기호를 쓰세요.

(   ) → (   ) → (   ) → (   )

03 ㉠을 말할 때 윗마을 방귀쟁이의 표정으로 어울리는 것은 무엇인가요? (   )

① 겁에 질린 표정   ② 뿌듯해하는 표정   ③ 분하고 화난 표정

④ 신나서 웃는 표정   ⑤ 슬퍼서 우는 표정

04 ㉡에 들어갈 말로 알맞은 것은 무엇인가요? (   )

① 기둥   ② 절구통   ③ 굴뚝   ④ 아들   ⑤ 절굿공이

05 이 글을 읽고 생각하거나 느낀 점을 알맞게 말한 친구에 ○ 하세요.

(1) 절구통이 방귀에 날아다니는 모습을 상상하니 엄청 웃기고 재미있어.

(2) 절구통을 윗마을까지 날려 보낼 만큼 힘센 방귀를 뀌다니! 아랫마을 방귀쟁이가 이겼군.

06 이 글의 내용을 요약했어요. 빈칸에 들어갈 알맞은 말을 쓰세요.

아랫마을 방귀쟁이가 누구의 ①☐☐가 더 센지 겨루려고 윗마을 방귀쟁이를 찾아갔다가 ②☐☐을 부러뜨리고 돌아왔다. 부러진 기둥을 본 윗마을 방귀쟁이가 아랫마을 방귀쟁이네를 향해 방귀를 뀌자, 아랫마을 방귀쟁이 아들이 휙 날아갔다. 아랫마을 방귀쟁이가 방귀를 뀌어 ③☐☐☐을 윗마을 방귀쟁이네로 날려 보내자, 윗마을 방귀쟁이가 다시 아랫마을 방귀쟁이네로 보냈다. 절구통은 아직도 날아다니고 있다.

① _____   ② _____   ③ _____

 **이름**을 **나타내는 말**

집의 각 부분을 가리키는 이름을 찾아 쓰세요.

| 지붕 | 굴뚝 | 마루 | 기둥 |

(1) ☐☐

(2) ☐☐

(3) ☐☐

(4) ☐☐

모양이 **같은 말**

밑줄 친 낱말의 뜻을 찾아 선으로 이으세요.

(1) 기운이 아주 <u>세다</u>. •

(2) 머리가 하얗게 <u>세다</u>. •

(3) 손가락으로 수를 <u>세다</u>. •

• (가) 사물의 수를 헤아리다.

• (나) 힘이나 기운이 많다.

• (다) 머리카락이나 수염 따위가 희어지다.

토픽 한 줄 정리 넌 어떤 방귀가 최고라고 생각해?

☐ 힘센 방귀   ☐ 냄새가 고약한 방귀   ☐ 소리가 우렁찬 방귀

왜냐하면 _____

 라이벌은 사이가 좋을까, 나쁠까? 궁금하면 다음 장을 넘겨 봐! >>>>>

함께 발전하는 친구, 라이벌

라이벌은 같은 분야에서 또는 같은 목적을 위해 서로 경쟁하는 사람을 말해요.

노르웨이의 탐험가 아문센과 영국의 스콧은 남극점 정복을 두고 경쟁했어요. 아문센은 스콧보다 먼저 남극점을 정복하려다 대원들이 다쳐 멈추기도 했어요. 하지만 포기하지 않고, 더 철저하게 준비했어요. 아문센과 스콧은 비슷한 시기에 각자의 방법으로 탐험에 나섰고, 철저히 준비한 아문센이 승리했어요. 인류 최초로 남극점에 도착한 아문센은 경쟁자인 스콧이 무사히 남극점에 닿기를 빌었어요. 그러면서 스콧 일행을 위한 음식, 옷, ㉠편지를 남겨 두었어요. 아문센은 험난하고 위험한 탐험에 도전한 스콧에 대한 존중을 나타낸 거예요.

최고의 자리를 두고 경쟁을 벌인 화가도 있어요. 피카소와 마티스는 더 멋진 그림을 그리겠다며 경쟁을 벌였어요. 하지만 서로를 비난하기보다 상대의 그림을 보며 자신의 그림을 발전시킬 방법을 연구했어요. 마티스는 피카소와 영향을 주고받고, 경쟁하는 것이 서로에게 이익이 된다고 말했어요. 이후 피카소는 형태를 중심으로, 마티스는 색채를 중심으로 자신의 그림을 발전시켜 두 사람 모두 서양 현대 미술의 거장으로 성장했어요.

아문센과 스콧, 피카소와 마티스는 서로를 이겨야 하는 상대로 여기기보다 자신의 성장을 돕는 친구로 바라보았고, 경쟁을 통해 더 큰 성공을 이루었어요.

〈파란 누드 4〉, 1952, 구아슈를 칠한 종이 오리기, 103×74, 니스 마티스 미술관

〈마리 테레즈의 초상〉, 1937, 캔버스에 유채, 100×81, 파리 피카소 국립 미술관

어휘 알기 　색칠한 낱말과 초성을 보고 뜻풀이에 알맞은 낱말을 ___에 쓰세요.

| ㅂ | ㅇ | 　여러 갈래로 나누어진 범위나 영역. | _____ |

| ㄱ | ㅈ | 　어떤 분야에서 능력이 남달리 뛰어난 사람. | _____ |

| ㅈ | ㅂ | 　높은 산 따위의 매우 가기 힘든 곳을 어려움을 이겨 내고 감. | _____ |

독해력 기르기

01 　이 글에 나온 라이벌은 무슨 뜻인지 알맞은 낱말을 쓰세요.

같은 목적을 위해 서로 ▢ ▢ 하는 사람

02 　이 글에 나온 라이벌과 그들이 경쟁을 벌인 것을 찾아 선으로 이으세요.

(1) 피카소 •　　　　•(개) 스콧 •　　　　• ㉠ 남극점 정복

(2) 아문센 •　　　　•(내) 마티스 •　　　　• ㉡ 최고의 화가

03 　이 글의 내용으로 알맞으면 ○, 알맞지 않으면 ✕ 하세요.

(1) 노르웨이 출신 탐험가 아문센은 인류 최초로 남극점을 정복했다. (　　　)

(2) 아문센은 스콧을 이기려고 스콧보다 먼저 남극점으로 출발했다. (　　　)

(3) 피카소는 마티스와 경쟁하는 것이 큰 도움이 된다고 말했다. (　　　)

(4) 피카소와 마티스는 모두 서양 현대 미술의 거장이 되었다. (　　　)

04 ㉠의 내용을 바르게 짐작한 것에 ○ 하세요.

(1)
스콧에게

드디어 도착했나 보군요. 하지만 결국 승리는 나의 것이에요. 당신은 나의 경쟁자가 될 수 없으니 탐험을 포기하세요.

(2)
스콧에게

여기까지 오느라 고생했습니다. 남겨 둔 물건 중에서 쓸모 있는 것이 있으면 사용하세요. 부디 무사하길 바랍니다.

05 이 글의 내용을 바르게 이해한 친구의 이름을 쓰세요. (   )

예권: 라이벌이 있다는 건 큰 부담이고 스트레스야. 난 라이벌은 만들고 싶지 않아.

재희: 라이벌은 나를 가르치는 선생님과 같다고 생각해. 라이벌을 통해 나를 발전시키기 위해 할 일을 알 수 있기 때문이야.

06 이 글의 내용을 요약했어요. 빈칸에 들어갈 알맞은 말을 쓰세요.

① □□□ 은 같은 목적을 두고 경쟁하는 사람이다.

아문센과 스콧은 ② □□□ 정복을 두고 경쟁을 벌였다. 아문센은 철저한 준비를 통해 남극점 정복에 성공했고, 위험한 탐험을 함께한 스콧을 존중하는 마음을 편지에 남겼다.

최고의 화가가 되기 위해 경쟁한 마티스와 피카소는 서로의 그림을 보며 자신의 그림을 발전시킬 방법을 연구했다. 그 결과 두 사람 모두 현대 미술의 ③ □□ 이 되었다.

이들은 라이벌을 이겨야 할 상대가 아니라 함께 성장하는 ④ □□ 로 바라보며 더욱 큰 성장을 이루었다.

① _____ ② _____ ③ _____ ④ _____

뜻이 비슷한 말

밑줄 친 낱말과 뜻이 비슷한 말을 모두 골라 ○ 하세요.

(1) 최고의 자리를 두고 <u>경쟁하다.</u> (대결하다 , 겨루다 , 협상하다)

(2) 상대편을 <u>비난하다.</u> (공격하다 , 칭찬하다 , 흉보다)

(3) 탐험을 <u>철저하게</u> 준비하다. (꼼꼼하게 , 빈틈없이 , 느슨하게)

(4) 계속된 실패에 도전을 <u>멈추다.</u> (계속하다 , 그만두다 , 중단하다)

한자 성어

경쟁 관계를 나타내는 표현이에요. 빈칸에 알맞은 글자를 쓰세요.

| 상 | 형 | 하 | 제 |

어느 것이 위고, 아래인지 분간할 수 없을 만큼 우열을 가리기 힘들다는 뜻.

막 ☐ 막 ☐

형과 동생을 가릴 수 없을 정도로 실력이 비슷함을 뜻하는 말.

난 ☐ 난 ☐

위아래, 형과 동생을 뜻하는 말을 떠올려 봐.

토픽 한 줄 정리

함께 성장하고 발전하고 싶은 라이벌이 있니?

☐ 없어! 하지만 _____을(를) 두고 경쟁할 라이벌을 만나고 싶어!

☐ 있어! _____ 와(과) _____ 을(를) 두고 경쟁하고 있어.

 새들이 왕을 뽑는대. 어떻게 뽑을까? 궁금하면 다음 장을 넘겨 봐! >>>>>

세계   우화

새들의 왕 뽑기

숲의 신이 가장 아름다운 새를 가려 새들의 왕으로 뽑겠다고 했어요. 그날부터 새들은 깃털을 가지런히 고르고, 좌르르 윤기 나게 기름칠을 하며 단장하느라 바빴어요. 단 한 마리만 빼고요. 까마귀는 새들이 깃털을 다듬는 모습을 못마땅하게 지켜보았어요.

㉠"쳇, 그깟 깃털이 뭐라고. 난 왕 따위 관심 없어!"

사실 까마귀는 꼭 왕이 되고 싶었어요. 다른 새들처럼 아름다운 깃털을 갖고 싶어서 날마다 목욕을 하고, 남몰래 고운 색깔로 물들여 보았지만 깃털은 여전히 새까맸어요. 아무리 보아도 예쁘지 않았죠. 속상한 마음에 숲을 거닐던 까마귀는 땅에 떨어져 있던 노란 깃털을 주워 몸에 꽂아 보았어요.

'이런 깃털을 가질 수만 있다면……'

그때 좋은 방법이 떠올랐어요. 까마귀는 숲을 돌아다니며 잠이 든 새들에게 다가가 몰래 깃털을 몇 개씩 뽑았어요.

드디어 왕을 뽑는 날이 왔어요. 한껏 꾸민 새들 사이로 화려한 무지갯빛 깃털을 가진 새가 나타났어요. 꾀꼬리처럼 노랗고, 두루미처럼 새하얗고, 파랑새처럼 푸르고, 앵무새처럼 붉은 깃털과 공작처럼 동그란 무늬가 있는 꽁지깃도 있었어요.

새들은 무지갯빛 깃털을 가진 새의 모습에 기죽었어요. 잉꼬는 놀라서 입을 다물지 못했고, 기세등등하던 공작도 부채처럼 펼치고 있던 꽁지깃을 접었지요.

숲의 신이 무지갯빛 깃털을 가진 새를 왕으로 뽑으려는 순간, 세찬 바람이 불었어요. 그러자 새의 몸에서 깃털 몇 개가 떨어졌어요.

"어, 이건 내 깃털인데?"

꾀꼬리의 말에 새들은 무지갯빛 깃털을 가진 새에게 다가가 자기 깃털을 뽑기 시작했어요. 그러자 아름다운 새는 온데간데없고, 그 자리에 까마귀가 있었어요. 무지갯빛 깃털을 가진 새는 다른 새들의 깃털로 몸을 꾸민 까마귀였던 거예요. 정체가 들통난 까마귀는 부끄러워 고개를 들 수 없었어요.

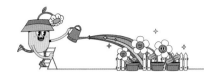
어휘 알기 색칠한 낱말과 초성을 보고 뜻풀이에 알맞은 낱말을 ___에 쓰세요.

| ㅇ | ㄱ | 반질반질하고 매끄러운 기운.

_____

| ㄱ | ㅅ | ㄷ | ㄷ | 기세가 매우 높고 힘찬 모양.

_____

| ㄷ | ㅈ | ㅎ | ㄷ | 얼굴, 머리, 옷차림 따위를 곱게 꾸미다.

_____

독해력 기르기

01 숲의 신은 누구를 왕으로 뽑기로 했나요? 빈칸에 알맞은 말을 쓰세요.

가장 ☐ ☐ ☐ ☐ 새를 왕으로 뽑기로 했다.

02 ㉠에 담긴 까마귀의 속마음으로 알맞은 것에 모두 ○ 하세요.

(1) 아름다운 깃털을 가진 새들에 대한 부러움　　（　　）

(2) 새들의 왕을 뽑겠다고 한 신에 대한 미움　　（　　）

(3) 새까만 깃털 때문에 왕이 될 수 없다는 실망감　（　　）

> 까마귀의 말 다음에 이어진 행동을 보면 까마귀의 속마음을 짐작할 수 있어.

03 이 글에서 까마귀가 새들의 왕이 되고 싶어서 한 일을 모두 고르세요. （　　,　　,　　）

① 날마다 목욕하기

② 고운 색깔로 깃털 물들이기

③ 신에게 왕을 뽑는 방법을 바꿔 달라고 말하기

④ 다른 새들이 왕 뽑기에 나오지 못하게 방해하기

⑤ 다른 새들의 깃털을 몰래 뽑아 자기 몸에 꽂기

04 까마귀의 속임수가 드러나는 과정이에요. 순서대로 기호를 쓰세요.

(   ) ➡ (   ) ➡ (   )

05 이 글의 주제를 바르게 이해하지 <u>못한</u> 친구의 이름을 쓰세요. (   )

진만: 까마귀가 남을 속이고 얻은 것은 진짜 자기 것이 될 수 없다는 걸 깨달
았기를 바라.
유라: 여러 새들의 깃털로 예쁘게 꾸밀 생각을 하다니! 역시 까마귀는 똑똑해.
과정이야 어떻든 결과가 좋으면 다 좋은 거야.
소라: 까마귀의 행동은 스포츠 경기에서 반칙을 해서 이기는 것과 같아. 진짜
왕이 되고 싶었다면 정당하게 왕이 될 방법을 찾았어야 해.

06 이 글의 내용을 요약했어요. 빈칸에 들어갈 알맞은 말을 쓰세요.

숲의 신이 가장 아름다운 새를 ① ☐으로 뽑기로 했다. 까마귀는 다른 새들
의 ② ☐☐을 몰래 뽑아 자기 몸에 꽂았다. 까마귀를 알아보지 못한 신이 ③
☐☐☐를 왕으로 뽑으려는 순간, 바람이 불어 까마귀의 몸에 있던 다른 새
의 깃털이 떨어졌다. 정체가 들통난 까마귀는 부끄러워 고개를 들지 못했다.

① _____   ② _____   ③ _____

관용 표현

밑줄 친 표현과 바꾸어 쓸 수 있는 것에 ○ 하세요.

잉꼬는 놀라서
입을 다물지 못했다.

(1)   머리털이 곤두서다

(2)   입이 딱 벌어지다.

(3)   등골이 오싹하다.

뜻이 여러 개인 말

밑줄 친 말의 뜻으로 알맞은 것의 번호를 쓰세요.

① 박힌 것을 잡아당기어 빼내다.
뽑다
② 여럿 가운데에서 골라내다.

(1) 우리 반 반장을 뽑는 투표를 했다.   (   )

(2) 치과에 가서 이를 쏙 뽑았다.   (   )

(3) 오늘은 대통령을 뽑는 선거가 있는 날이다.   (   )

(4) 까마귀는 다른 새들의 깃털을 몰래 뽑았다.   (   )

토픽 한 줄 정리

아름다운 새를 왕으로 뽑는 방법에 대해 어떻게 생각하니?

☐ 찬성!   ☐ 반대!

왜냐하면 _____ 때문이야.

경쟁은 어떻게 해야 하는 걸까?
궁금하면 다음 장을 넘겨 봐! >>>>>

토끼에게

토끼야, 안녕? 나 비둘기야.

얼마 전에 네가 언덕에서 거북이와 달리기 경주를 한다는 소식을 들었어. 그런데 그 경주에는 큰 문제가 있는 것 같아. 그래서 내 생각을 말해 주려고 편지를 쓰게 되었어.

토끼야, 너는 그 경주가 공정하다고 생각하니? 나는 굉장히 불공정하다고 생각해. 너는 땅에서 살고 거북이는 물에서 살아. 그래서 너는 땅에서 잘 달릴 수 있지만, 거북이는 그럴 수 없어. 언덕에서 경주를 하는 건 너에게만 유리한 경쟁이라는 말이야.

경쟁은 어느 한쪽이 유리하거나 불리하지 않도록 공정한 조건에서 이뤄져야 해. 그렇지 않으면 진 쪽은 그 경쟁의 결과를 받아들일 수 없을 거야. 이긴 쪽도 마음껏 기뻐할 수 없을 테고. 그러니 공정한 경쟁을 할 수 있는 방법을 찾아야 해.

내가 생각하는 방법은 너는 땅에서, 거북이는 물에서 같은 거리를 달리는 거야. 같은 거리를 달리는 데 걸린 시간을 비교해서 누가 빠른지 가리는 거지. 그렇게 하면 너에게도 거북이에게도 공정한 경쟁이 될 것 같아.

나는 네가 공정한 경쟁에서 당당히 이겼으면 좋겠어. 그리고 공정한 경쟁이 이뤄진다면, 날짐승 대표로서 나도 참가하고 싶어. 나는 같은 거리를 날아서 이동하면 되니까. 네 생각은 어떠니? 너의 생각을 알려 주렴. 답장 기다릴게.

너의 친구, 비둘기가

어휘 알기 색칠한 낱말과 초성을 보고 뜻풀이에 알맞은 낱말을 ____에 쓰세요.

| ㄱ | ㅈ | 일정한 거리를 달려 빠르기를 겨루는 일. |

_____

| ㄱ | ㅈ | ㅎ | ㄷ | 공평하고 올바르다. |

_____

| ㅂ | ㅇ | ㄷ | ㅇ | ㄷ | 어떤 사실을 인정하고 이해하고, 수용하다. |

_____

독해력 기르기

01 편지를 보내는 이와 받는 이가 누구인지 알맞은 이름을 쓰세요.

보내는 이는 [ ][ ][ ] 이고, 받는 이는 [ ][ ] 이다.

02 글쓴이는 토끼와 거북이의 경주에 대해 어떤 생각을 가지고 있나요? 알맞은 말에 ◯ 하세요.

> 토끼와 거북이가 언덕에서 경주를 하는 것은
> (공정 , 불공정)하다고 생각한다.

03 글쓴이가 토끼와 거북이의 경주가 공정하지 않다고 생각하는 까닭으로 알맞은 것에 ◯ 하세요.

(1) 토끼와 거북이가 달리는 거리가 다르기 때문에 (   )

(2) 토끼와 거북이가 사는 곳이 다르기 때문에   (   )

(3) 비둘기가 경주에 참가하지 않았기 때문에   (   )

04 글쓴이는 공정하지 못한 경쟁이 왜 문제라고 했나요? 바르게 말한 친구에 ○ 하세요.

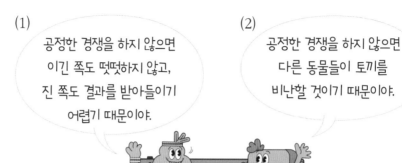

(1)
공정한 경쟁을 하지 않으면 이긴 쪽도 떳떳하지 않고, 진 쪽도 결과를 받아들이기 어렵기 때문이야.

(2)
공정한 경쟁을 하지 않으면 다른 동물들이 토끼를 비난할 것이기 때문이야.

05 공정한 경쟁을 위해 비둘기가 토끼에게 제안한 방법은 무엇인가요? (   )

① 날짐승의 대표로 비둘기가 경주에 참여하기

② 땅과 물에서 각각 한 번씩 경주하기

③ 토끼는 물에서, 거북이는 땅에서 같은 거리를 달리기

④ 토끼는 땅에서, 거북이는 물에서 같은 거리를 달리기

⑤ 토끼, 거북이, 비둘기가 모두 땅에서 달리기

06 이 글을 비둘기의 생각을 중심으로 요약했어요. 빈칸에 들어갈 알맞은 말을 쓰세요.

> 토끼와 거북이가 언덕에서 달리기 경주를 하는 것은 ①☐☐☐한 경쟁이다. 토끼는 땅에 살고, 거북이는 물에 살기 때문에 땅에서 하는 경주는 토끼에게만 ②☐☐하기 때문이다. ③☐☐하게 경쟁하려면 토끼는 땅에서, 거북이는 물에서 각각 같은 거리를 달려, 더 빠른 쪽이 이기는 것으로 방법을 바꾸어야 한다.

① _____   ② _____   ③ _____

📖 낱말의 관계

비슷한말에는 =, 반대말에는 ↔ 기호를 쓰세요.

유리하다 이익이 있다.	**받아들이다** 어떤 사실 따위를 인정하다.	**당당하다** 남 앞에 내세울 만큼 떳떳하다.
○	○	○
불리하다 이익이 없다.	**거부하다** 받아들이지 않고 물리치다.	**떳떳하다** 굽힐 것이 없이 당당하다.

📖 헷갈리는 말

알맞은 말에 ○ 하세요.

-로서 지위나 신분, 자격을 나타낼 때 쓴다.	VS	**-로써** 재료나 원료, 수단이나 방법을 나타낼 때 쓴다.

> 대부분 사람을 뜻하는 말 뒤에는 '-로서'를, 나머지는 '-로써'를 써. 하지만 가끔 물건이 어떤 자격을 갖는 경우도 있으니 의미를 잘 살펴봐!

(1) (팥으로서 , 팥으로써) 메주를 쑨다고 해도 믿을 정도다.

(2) (친구로서 , 친구로써) 말하는데 책 좀 읽어라!

(3) 유명한 (작가로서 , 작가로써) 이름을 떨쳤다.

(4) (말로서 , 말로써) 천 냥 빚을 갚다.

토픽 한 줄 정리

비둘기가 제안한 경주 방법에 대해 어떻게 생각하니?

☐ 찬성!　　　☐ 반대!

왜냐하면 _____ 때문이야.

 일 등도, 꼴찌도 없는 경쟁에 대해 들어 봤니? 궁금하면 다음 장을 넘겨 봐! >>>>>

모두가 행복한 경쟁

『꼴찌 없는 운동회』를 읽고

가 나는 달리기를 잘 못한다. 시합 때마다 꼴찌는 항상 내 몫이다. 그래서 『꼴찌 없는 운동회』라는 책을 보았을 때 무척 반가웠다. 꼴찌가 없는 운동회라니! 제목이 마음에 들었다. 실제 있었던 일을 썼다고 해서 더 흥미가 생겼다.

나 이야기에 나오는 기국이는 연골이 자라지 않는 병을 앓고 있어 키가 잘 자라지 않고, 달리기도 못한다. 그래서 운동회를 좋아할 수가 없다. 기국이의 마음을 알아챈 친구들이 달리기를 하지 않을 방법을 찾아보았지만 성공하지 못했다. 운동회 날, 기국이는 꼴찌로 달렸다. 그런데 놀라운 일이 벌어졌다. 앞서가던 친구들이 결승점에 들어가지 않고, 기국이를 기다렸다. 그리고 기국이의 손을 잡고 함께 결승점까지 걸었다.

다 이 장면에서 나도 모르게 '우아!' 하는 말이 나왔다. 모두가 일 등인 달리기라니! 기국이 친구들은 어떻게 이런 멋진 생각을 했을까? ㉠친구들과 손을 잡고 걸으며 눈물을 훔치는 기국이를 보는데 갑자기 코끝이 찡하더니 눈물이 났다. 꼴찌여도 포기하지 않고 달린 기국이도, 기국이를 기다려 준 친구들도 너무너무 멋졌다.

라 기국이 친구들도 일 등을 하고 싶었을 거다. 하지만 혼자만 행복한 일 등이 아니라다 함께 행복한 일 등을 선택했다. 결승점에서 환하게 웃는 기국이와 친구들을 보며 누구는 즐겁고, 누구는 슬픈 경쟁이 아니라 모두 행복한 경쟁이 있다는 걸 알게 되었다. 또 일 등을 하기 위한 노력만큼 친구를 배려하는 마음이 중요하다는 걸 깨달았다. 앞으로는 친구의 마음을 먼저 살피는 사람이 되어야겠다.

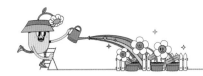

어휘 알기 색칠한 낱말과 초성을 보고 뜻풀이에 알맞은 낱말을 ___에 쓰세요.

| ㅍ | ㄱ | 하려던 일을 도중에 그만두어 버림. | _____ |

| ㅉ | ㅎ | ㄷ | 감동을 받아 가슴 따위가 뻐근해지는 느낌이 들다. | _____ |

| ㅇ | ㅇ | ㅊ | ㄷ | 낌새를 미리 알다. | _____ |

독해력 기르기

> 독서 감상문은 책을 읽고 난 뒤에 느낀 점이나 생각을 표현한 글이야.

01 글쓴이가 이 글을 쓴 목적으로 알맞은 것에 ○ 하세요.

(1) 책을 읽었다고 자랑하려고   (   )
(2) 다른 사람에게 책을 소개하려고   (   )
(3) 책에 대한 생각이나 느낌을 정리하려고   (   )

02 가~라 문단의 내용을 각각 찾아 선으로 이으세요.

(1) 가 •   • (가) 책의 줄거리
(2) 나 •   • (나) 책을 읽고 배운 점
(3) 다 •   • (다) 책을 읽게 된 동기
(4) 라 •   • (라) 책을 읽고 느낀 점

03 이 글을 통해 알 수 있는 『꼴찌 없는 운동회』의 내용으로 알맞으면 ○, 알맞지 않으면 ✕ 하세요.

(1) 주인공 기국이는 친구들만큼 빨리 달리지 못한다.   (   )
(2) 운동회 날 달리기 시합에서 기국이네 반에는 꼴찌가 없었다. (   )
(3) 운동회 날 기국이는 꼴찌가 되기 싫어서 달리기를 포기했다. (   )

04 ㉠에서 기국이의 마음을 바르게 짐작한 친구에 ○ 하세요.

(1)

> 자신의 마음을 헤아려 주고, 기다려 준 친구들이 고마워 가슴이 뭉클했을 거야.

(2)

> 자신이 달리기를 못해서 친구들이 기다려야 했으니까 부끄럽고, 창피했을 거야.

05 글쓴이가 『꼴찌 없는 운동회』를 읽고 얻은 교훈은 무엇인지 알맞은 것에 ○ 하세요.

(1)

> 일 등만큼 꼴찌도 중요하다는 걸 배웠어. 그래서 앞으로는 꼴찌여도 부끄러워하지 않겠다고 다짐했어.

(2)

> 일 등을 하는 것만큼 친구를 배려하는 마음이 중요하다는 걸 깨달았어. 앞으로 친구의 마음을 살피는 사람이 되어야겠다고 다짐했어.

06 이 글의 내용을 요약했어요. 빈칸에 들어갈 알맞은 말을 쓰세요.

책을 읽게 된 동기	『꼴찌 없는 운동회』라는 ① ☐☐ 이 마음에 들어 읽게 되었다. 실제 사건을 소재로 쓴 것을 알고 더 흥미가 생겼다.
책의 줄거리	운동회 날 친구들은 장애가 있어 빨리 달리지 못하는 기국이를 위해 기다려 주었다. 기국이와 친구들은 ② ☐ 을 잡고 함께 결승점으로 들어와 모두 일 등이 되었다.
느낀 점과 배운 점	모두가 행복한 경쟁이 있다는 걸 알게 되었고, 일 등을 하기 위한 노력만큼 친구를 ③ ☐☐ 하는 마음도 중요하다는 것을 깨달았다.

① _____ ② _____ ③ _____

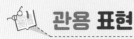

관용 표현

빈칸에 알맞은 말을 넣어 관용 표현을 완성하세요.

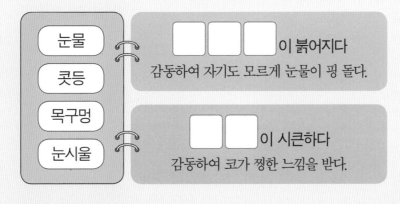

눈물
콧등
목구멍
눈시울

□□□이 붉어지다
감동하여 자기도 모르게 눈물이 핑 돌다.

□□이 시큰하다
감동하여 코가 찡한 느낌을 받다.

눈물이 날 만큼 큰 감동을 받았을 때 '코끝이 찡하다'처럼 쓸 수 있는 표현이야.

모양이 같은 말

밑줄 친 낱말의 뜻을 찾아 선으로 이으세요.

(1) 일손이 <u>달리다</u>. •

(2) 말이 빠르게 <u>달리다</u>. •

(3) 나무에 열매가 많이 <u>달리다</u>. •

(4) 결승점을 향해 힘껏 <u>달리다</u>. •

• (가) 물건이 일정한 곳에 걸리거나 매여 있게 되다.

• (나) 필요한 재주, 힘 등이 모자라다.

• (다) 빠른 속도로 움직여 가다.

토픽 한 줄 정리

모두가 일 등인 경쟁에 대해 어떻게 생각하니?

☐ 좋아!   ☐ 싫어!

왜냐하면 _____ 때문이야.

1일 난쟁이 무크
11~13쪽

어휘 알기

일솜씨, 물려받다, 잡동사니

독해력 기르기

01 행운　　02 ㉮→㉰→㉯→㉳
03 (1)-(나) (2)-(가)
04 (1) ○　　05 효신
06 ① 신발 ② 지팡이 ③ 행운

어휘력 더하기

낱말의 관계 떠나다 ⊜ 돌아오다, 내쫓다 ⊜ 쫓아내다, 마음먹다 ⊜ 결심하다, 돌보다 ⊜ 보살피다
모양이 같은 말 (1)-(나) (2)-(가) (3)-(나)

| 독해력 기르기 |

01 무크는 아버지에게 물려받은 커다란 옷을 입고, 행운을 찾으러 길을 떠났습니다.

02 무크가 낯선 도시 어느 부인의 집에 머물며 신기한 능력이 있는 지팡이와 신발을 얻기까지의 과정을 차근차근 떠올려 보세요.

03 강아지는 무크의 꿈에 나타나 신발을 신고 세 번 돌면 원하는 곳까지 날아갈 수 있고, 지팡이는 금이 묻힌 곳을 찾아 줄 거라고 했습니다.

04 무크가 부인의 집을 떠나려고 마음먹은 것은 자신의 말을 믿어 주지 않은 부인의 행동에 실망하고 섭섭함을 느꼈기 때문으로 짐작할 수 있습니다. 무크가 떠나기로 마음먹은 것은 지팡이와 신발을 발견하기 전이므로 (2)의 설명은 알맞지 않습니다.

05 이야기의 마지막 장면에서 신기한 능력이 있는 지팡이와 신발을 가지고 새로운 행운을 찾으러 떠났으므로, 효신이가 말한 내용이 알맞습니다. 찬미의 의견은 새로운 행운을 찾아 떠났다는 내용과 어울리지 않고, 선아의 의견은 무크가 신발과 지팡이의 능력을 신기하게 여기고 좋아했으므로, 알맞지 않습니다.

06 무크가 겪은 일을 중심으로 내용을 요약하세요.

| 어휘력 더하기 |

낱말의 관계 '떠나다'와 '돌아오다'는 뜻이 반대되는 낱말이고, 나머지는 뜻이 비슷한 낱말입니다.
모양이 같은 말 (1)과 (3)은 어떤 행동을 하지 못하게 하는 것이고, (2)는 물기를 없앤다는 뜻입니다.

2일 한솔이에게
15~17쪽

어휘 알기

곰곰이, 멀쩡하다, 추천하다

독해력 기르기

01 ④, ⑤
02 (2) ○
03 (2) ○
04 (3) ×　　05 (1) ○
06 ① 행운 ② 노력 ③ 답장

어휘력 더하기

뜻이 비슷한 말 (1) 엎어지(다) (2) 걸리(다)
헷갈리는 말 (1) 닫혔어 (2) 다쳐서 (3) 닫히는, 다쳤어

| 독해력 기르기 |

01 편지를 받는 사람, 보내는 사람, 편지를 쓴 까닭은 있지만 편지를 쓴 장소와 편지를 받은 날짜는 나와 있지 않습니다.

02 이 편지는 혜지가 한솔이에게 쓴 것이므로 (1)은 알맞지 않습니다. 편지의 앞부분에 '네가 보낸 편지 잘 받았어.'라는 말을 통해 혜지가 한솔이에게 편지를 받고, 그에 대한 답장으로 쓴 글임을 알 수 있으므로 (2)의 내용은 알맞습니다.

03 혜지가 반 친구들에게 행운에 대해 묻고 들은 내용을 알려 주겠다는 내용이 있으므로 (2)가 알맞습니다.

04 혜지가 쓴 편지의 내용에는 행운은 마음이 착한 사람에게만 찾아온다는 말은 나오지 않습니다.

05 행운에 대한 친구들의 생각을 알려 주어 고맙다는 내용을 통해 (1)이 이 글에 대한 답장임을 알 수 있습니다.

06 편지의 짜임에 따라 내용을 요약하세요.

| 어휘력 더하기 |

뜻이 비슷한 말 '엎어지다'는 앞으로 넘어진다는 뜻입니다. '걸리다'는 여러 가지 뜻이 있는데, 그중 나쁜 짓을 하다가 잡히거나 들킨다는 뜻도 있습니다.
헷갈리는 말 (1)은 문이 '닫힌' 것이고, (2)는 몸에 상처가 생겼다는 뜻이므로 '다쳐서'가 알맞고 (3)은 닫히는 창문에 손가락이 끼여 다쳤다는 뜻입니다. 앞의 것은 문이 '닫힌' 것이고, 뒤의 것은 몸에 상처가 생겼다는 뜻이므로 '다쳤어'가 알맞습니다.

3일 · 행운을 부르는 상징

어휘 알기

복조리, 여기다, 돼지꿈

독해력 기르기

01 행운

02 (1) ○   03 ㉮

04 (1)-㉠ (2)-㉡ (3)-㉢   05 (1) ○

06 ① 행운 ② 다르지만 ③ 같다

어휘력 더하기

뜻이 비슷한 말 함께하다-같이하다, 바라다-원하다,
여기다-생각하다

모양이 같은 말 (1)-㉡ (2)-㉮ (3)-㉡

| 독해력 기르기 |

01 글의 제목과 첫 문단의 내용을 통해 이 글이 여러 나라의 행운의
상징에 대해 설명하는 글임을 알 수 있습니다.

02 나라마다 행운의 상징으로 여기는 것이 달랐으므로 (1)의 내용은
알맞습니다. 하지만 물건이 행운의 상징이 된 까닭은 나오지 않으
므로 (2)는 알맞지 않고, 사람들은 자신은 물론 다른 이의 행운도
빈다는 말이 있으므로 (3)도 알맞지 않습니다.

03 이 글에서 독수리는 몽골에서, 무당벌레는 유럽에서 행운의 상징
으로 여기는 동물로 소개했습니다. ㉮는 글에 나오지 않습니다.

04 ㉮는 꼬리 없는 말 인형인 달라 호스이고 ㉡는 큰 인형 안에 작은
인형이 겹겹이 들어 있는 마트료시카, ㉢는 푸른 유리에 눈이 그려
진 나자르 본주입니다.

05 (1)은 유럽에서 행운의 상징으로 여기는 네잎클로버와 말발굽 모양
의 편자에 대한 설명이므로 알맞고 (2)는 우리나라에서 나쁜 일을
막기 위해 치는 금줄에 관한 내용이므로 행운의 상징을 소개하는
글에는 어울리지 않습니다.

06 글의 구조에 따라 내용을 요약하세요.

| 어휘력 더하기 |

뜻이 비슷한 말 '여기다'는 마음속으로 그러하다고 인정하거나 생각한
다는 뜻이고, '원하다'는 무엇을 바란다는 뜻입니다.

모양이 같은 말 (1)과 (3)은 어떤 일이 이루어지기를 바라며 청한다는 뜻
으로, (2)는 남의 것을 달라고 사정한다는 뜻으로 쓰였습니다.

4일 · 요술 항아리

23~25쪽

어휘 알기

사연, 사또, 실랑이

독해력 기르기

01 (2) ○   02 ㉡→㉮→㉣→㉢

03 (2) ○

04 ④   05 사또

06 ① 항아리 ② 사또 ③ 아버지

어휘력 더하기

관용 표현 땅(이 꺼지게), 땅(을 치다), 땅 (짚고 헤엄치기),
땅(에 떨어지다)

큰말 작은말 (1)-㉣ (2)-㉡ (3)-㉮ (4)-㉢

| 독해력 기르기 |

01 요술 항아리에 물건을 넣으면 같은 물건이 자꾸자꾸 나온다고 했
으므로 (2)의 설명이 맞습니다.

02 ㉮는 욕심쟁이 영감과 농부가 항아리를 두고 실랑이하는 장면
이고 ㉡는 농부가 요술 항아리에 괭이와 쌀을 넣고, 계속 꺼내
는 장면입니다. ㉢는 사또가 요술 항아리를 독차지하고 좋아하
는 장면이고 ㉣는 욕심쟁이 영감과 농부가 사또에게 요술 항아
리의 주인을 가려 달라고 찾아간 장면입니다. 장면의 내용을 살
펴보고, 사건의 순서대로 정리해 보세요.

03 사또가 운수 좋은 날이라 말하며 항아리를 제집으로 가져간 것
으로 보아 항아리를 자기가 차지할 속셈인 것으로 볼 수 있습니
다. 따라서 (2)의 내용이 알맞습니다.

04 항아리에 들어간 사또의 아버지가 계속 나오는 상황을 표현한
장면이므로, 빈칸에 들어갈 말은 ④가 알맞습니다.

05 사또도 놀부처럼 남의 것을 욕심내다 항아리에서 아버지가 여럿
나오고, 항아리가 깨지는 벌을 받았습니다.

06 요술 항아리를 두고, 여러 인물이 벌인 행동이 드러나게 내용을
요약하세요.

| 어휘력 더하기 |

관용 표현 '땅'이 들어간 관용 표현을 살펴보고, 어떤 상황에 쓰면 좋
을지 생각해 보세요.

큰말 작은말 작은말은 큰말에 비해 밝고, 가볍고, 약하게 느껴지는 말
입니다. 주로 'ㅏ', 'ㅗ'와 같은 모음을 씁니다.

5일 행운을 잡는 법　27~29쪽

어휘 알기
쓸모, 열정, 우연히

독해력 기르기
01 (1)-㉮ (2)-㉰ (3)-㉯
02 (처음)㉮ (가운데)㉯, ㉰
03 (1) ○ (2) × (3) ○
04 (1)-㉮ (2)-㉯ (3)-㉮ (4)-㉮ (5)-㉯
05 가영　06 ① 행운 ② 도전 ③ 준비

어휘력 더하기
뜻이 비슷한 말 (1) 꾸준히 (2) 요리조리 (3) 성취하다
헷갈리는 말 (1) 조종하는 (2) 조정했다 (3) 조종

| 독해력 기르기 |

01 ㉮ 문단에서 연설하는 사람, 연설을 듣는 사람, 연설의 주제를 알 수 있습니다.
02 짜임에 따라 들어갈 내용을 살펴보세요.
03 연설자는 행운을 잡기 위한 준비를 함께 하자고 했으므로 (1)의 내용은 알맞고, 라이트 형제와 뉴턴의 예를 들어 도전과 노력의 중요성을 강조했으므로 (3)의 내용도 알맞습니다. 아무런 노력을 하지 않으면 행운을 잡을 수 없다고 했으므로 (2)의 내용은 알맞지 않습니다.
04 글에서 의견을 나타내는 문장을 찾으면 글쓴이의 주장을 파악하는 데 도움이 됩니다. 이 글에서 ㉠, ㉢, ㉣은 사실, ㉡, ㉤은 글쓴이의 의견입니다.
05 글쓴이는 행운은 노력하는 사람에게 찾아온다고 했으므로, 행운을 잡을 수 있게 노력하겠다고 말한 가영은 글을 바르게 이해했고, 뉴턴이 타고난 천재이기 때문에 행운을 잡았다고 말한 재영은 글을 잘못 이해하고 있습니다.
06 글쓴이가 주장한 내용이 드러나게 글을 요약하세요.

| 어휘력 더하기 |

뜻이 비슷한 말 '끊어지지 않게 계속'이라는 뜻의 '끊임없이'는 '꾸준히'와 '일정한 방향 없이 움직이는'을 뜻하는 '이리저리'는 '요리조리'와, 뜻한 대로 되게 한다는 뜻의 '이루다'는 '성취하다'와 비슷합니다.
헷갈리는 말 '조종'은 기계 등을 다루거나 자기의 뜻대로 어떤 것을 움직일 때, '조정'은 무엇을 조절하거나 좋게 바꿀 때 주로 씁니다.

1일 재주 많은 다섯 친구　33~35쪽

어휘 알기
내기, 단번에, 가로막다

독해력 기르기
01 단지손이
02 (1)-㉯ (2)-㉣ (3)-㉮ (4)-㉰
03 (1)-㉯ (2)-㉮ (3)-㉰
04 가영
05 ① 단지손이 ② 호랑이 ③ 재주

어휘력 더하기
움직임을 나타내는 말 끄다, 누다, 띄우다, 쌓다
모양이 같은 말 (1)-㉰ (2)-㉯ (3)-㉮

| 독해력 기르기 |

01 '단지'는 목이 짧고 배가 부른 항아리를 일컫는 말입니다. 단지손이는 단지(항아리)에서 태어나 이런 이름이 붙었습니다.
02 각 인물의 이름을 살펴보면 인물이 가진 재주를 짐작할 수 있습니다. 콧김이 센 콧김손이, 오줌을 많이 누는 오줌손이, 배를 짊어지고 다니는 배손이, 무쇠 신을 신고 다니는 무쇠손이는 단지손이와 함께 세상 구경을 하러 갔습니다.
03 나무 베기 내기에서 호랑이가 톱으로 나무를 벨 때 ㉯처럼 무쇠손이가 단단한 무쇠 신으로 나무를 넘어뜨렸고, 둑 쌓기 내기에서 호랑이가 돌을 굴려서 옮길 때 ㉮처럼 단지손이가 바윗덩이를 번쩍 들어 둑을 쌓았습니다. 나무 쌓기 내기는 ㉰처럼 다섯 친구가 힘을 합쳐 금세 나무를 쌓았습니다.
04 호랑이는 오줌 바다에 빠져 파도에 밀려 떠내려갔으므로 가영은 글의 내용을 바르게 이해하지 못했습니다.
05 단지손이가 세상 구경을 떠나 네 친구를 만나고, 호랑이와 내기를 벌인 과정이 드러나게 글을 요약하세요.

| 어휘력 더하기 |

움직임을 나타내는 말 인물의 행동을 잘 살펴보고, 그에 어울리는 말을 찾습니다. '띄우다'는 물 위에 무엇을 뜨게 한다는 뜻입니다.
모양이 같은 말 (1)은 생일을 맞아 음식을 대접한다는 내용이므로 ㉰의 뜻으로 쓰였고, (2)는 '걸터앉다'를 꾸미므로 ㉯의 뜻입니다. (3)은 아빠의 얼굴에 있는 부위를 가리키므로 ㉮의 뜻입니다.

2일 우리 몸을 움직이는 뇌

어휘 알기

신경, 섬세하다, 총사령관

독해력 기르기

01 ④

02 (1) ○ (2) ○ (3) ×

03 (1)-(내) (2)-(가) (3)-(대)

04 신경   **05** (대) → (가) → (내)

06 ① 머리뼈 ② 대뇌 ③ 역할

어휘력 더하기

낱말의 뜻 첨단
올바른 표기 (1) 역할 (2) 역할 (3) 역할

| 독해력 기르기 |

01 두 번째 문단을 통해 뇌가 있는 곳과 생김새를 알 수 있고, 세 번째, 네 번째 문단을 통해 뇌가 하는 일과 뇌의 각 부분의 역할을 알 수 있습니다. ④의 내용은 나와 있지 않습니다.

02 뇌는 두 주먹을 맞댄 정도의 크기라고 했으므로 (3)은 이 글의 내용으로 알맞지 않습니다.

03 좌뇌와 우뇌로 나뉜 대뇌는 느끼고 생각하는 일을, 소뇌는 몸의 균형을 잡고 운동 명령을 조절하는 일을, 뇌줄기는 심장 박동과 소화처럼 생명 유지에 필요한 일을 담당합니다.

04 이 글에서 뇌는 온몸에 퍼져 있는 신경을 통해 정보를 받아들이고, 명령을 내린다고 했습니다. 주어진 글에 뇌와 우리 몸의 각 기관이 정보를 주고받는 길이라는 표현을 통해 '신경'을 설명하는 글임을 알 수 있습니다.

05 ㉮는 뇌가 몸에게 명령을 내리는 장면이고, ㉯는 뇌가 내린 명령에 따라 행동하는 모습을 나타낸 장면입니다. ㉰는 감각 기관인 눈이 정보를 받아들이는 장면이므로, ㉰, ㉮, ㉯의 순서가 알맞습니다.

06 처음, 가운데, 끝의 구조에 따라 요약하세요.

| 어휘력 더하기 |

낱말의 뜻 최첨단, 첨단 과학, 첨단 기기, 첨단 산업에는 유행이나 기술의 변화에서 가장 앞서 나가는 것을 뜻하는 '첨단'이 있습니다.
올바른 표기 '역할'을 '역활'이나 '역갈'로 잘못 쓰지 않도록 올바른 표기를 익혀 바르게 써야 합니다.

3일 아킬레우스 이야기

어휘 알기

유인, 허무하다, 빗발치다

문해력 기르기

01 (바다의 여신) 테티스, 아킬레우스

02 (1) × (2) × (3) ○

03 ③   **04** (㉮) → ㉰ → ㉯ → ㉱

05 가영

06 ① 스틱스 ② 발뒤꿈치 ③ 아킬레스건

어휘력 더하기

합쳐진 말 칼+싸움, 독+화살, 발+뒤꿈치
모양이 같은 말 (1)-(내) (2)-(대) (3)-(가)

| 독해력 기르기 |

01 아킬레우스의 어머니는 바다의 여신인 테티스이고, 아버지는 펠레우스왕입니다.

02 이 글에서 부모가 모두 신이 아니면 영원한 생명을 가질 수 없어서 테티스가 아킬레우스를 스틱스강에 담갔다고 했으므로, (1)은 알맞지 않습니다. 또 아킬레우스의 몸에서 유일하게 스틱스강에 닿지 않은 부분은 발뒤꿈치이므로 (2)도 알맞지 않습니다.

03 ㉠, ㉡, ㉢, ㉣은 아킬레우스를 가리키고, ㉢은 트로이의 왕자 헥토르를 가리킵니다. 글을 읽을 때 '이', '그', '저'와 같은 말이 가리키는 것이 무엇인지 정확하게 파악해야 글의 내용을 제대로 이해할 수 있습니다.

04 아킬레우스가 헥토르를 죽이고, 그의 동생 파리스가 쏜 독화살에 발뒤꿈치를 맞고 죽기까지의 과정을 떠올려 보세요.

05 수많은 전투에서 상처 하나 입지 않았던 아킬레우스가 한 발의 화살로 죽은 것처럼 아킬레스건은 죽음을 불러올 수도 있는 '치명적인 약점'을 가리키는 말로 쓰이므로 가영의 말이 맞습니다.

06 아킬레우스에게 일어난 일을 떠올리며 내용을 요약하세요.

| 어휘력 더하기 |

합쳐진 말 각각의 뜻을 가진 두 개의 낱말이 결합하여 하나의 단어가 된 것을 합성어라고 합니다.
모양이 같은 말 (1)은 수를 나타내는 말과 함께 썼으므로 (내)의 뜻이고, (2)는 이것을 쳐서 햇빛을 가렸다고 했으므로 (대)의 뜻입니다. (3)은 커졌다는 말을 통해 (가)의 뜻임을 짐작할 수 있습니다.

4일 우리 몸을 지키는 방법

45~47쪽

어휘 알기

점막, 장기, 유지하다

독해력 기르기

01 이유 **02** 세균, 곰팡이, 바이러스

03 (1) ○ (2) ○ (3) × (4) ○

04 (1) ㉠ (2) ㉡ (3) ㉢

05 손 씻기

06 ① 병원체 ② 피부 ③ 면역력

어휘력 더하기

뜻이 비슷한 말 막다, 전파하다, 없애다
모양이 같은 말 (1)-㉮ (2)-㉰ (3)-㉯

| 독해력 기르기 |

01 이 글은 우리가 병에 걸리는 이유와 면역력을 키우는 방법에 관해 주고받은 대화 글입니다.

02 첫 번째 질문에 대해 답한 내용 가운데 곰팡이, 세균, 바이러스와 같은 병원체가 병을 옮긴다는 내용이 있습니다.

03 이 글에서 면역력은 병원체가 우리 몸에 들어오지 못하게 막고, 몸속에 들어온 병원체를 제거하는 능력이라고 했으므로, (1), (4)의 내용은 알맞습니다. 면역력을 높이는 방법 중 운동이 있으므로 (2)도 알맞습니다. 면역력을 높이는 방법은 여러 가지이므로 예방 주사가 면역력을 높이는 유일한 방법이라고 한 (3)은 알맞지 않습니다.

04 (1)은 피부가 병원체를 막는 모습을, (2)는 콧속의 점막이 병원체를 잡는 모습을, (3)은 백혈구가 병원체를 잡아먹는 모습을 나타낸 것입니다. 따라서 각각 ㉠, ㉡, ㉢에 해당합니다.

05 병원체가 코나 입으로 옮겨지는 것을 막는 '손 씻기'를 설명하는 글입니다. 글을 읽으며 바르게 손 씻는 방법을 배워 보세요.

06 우리 몸이 병에 걸리는 원인과 면역력을 높이는 방법이 잘 드러나도록 글을 요약하세요.

| 어휘력 더하기 |

뜻이 비슷한 말 '방어하다'와 '막다'는 무언가를 막아 낸다는 뜻이고, '퍼뜨리다'와 '전파하다'는 널리 퍼지게 한다는 뜻입니다.
모양이 같은 말 (1)은 답이 틀리지 않았다는 뜻이고 (2)는 오는 사람을 맞이한다는 뜻이고 (3)은 주사로 치료를 받는다는 뜻입니다.

5일 사람을 돕는 웨어러블 로봇

49~51쪽

어휘 알기

재난, 분산, 재활, 보태다

독해력 기르기

01 (1) ○ (4) ○

02 ④

03 ④

04 (1) ○

05 ① 웨어러블 ② 장애 ③ 넓어지고

어휘력 더하기

뜻이 비슷한 말 보충하다, 바꾸다, 해체하다
헷갈리는 말 (1) 개발 (2) 계발 (3) 계발

| 독해력 기르기 |

01 이 글은 웨어러블 로봇이 무엇인지를 설명하기 위한 글이므로 (1)과 (4)의 설명이 알맞습니다.

02 웨어러블 로봇은 의료 분야뿐 아니라 산업 분야에서도 활발하게 쓰이고 있다고 했으므로 ④의 설명은 알맞지 않습니다.

03 웨어러블 로봇은 사람이 어떤 행동을 할 때 힘을 보태 쉽고 편안하게 움직일 수 있도록 돕는다고 했으므로, ㉠에는 웨어러블 로봇을 통해 얻을 수 있는 긍정적인 효과를 표현하는 말이 어울립니다. 그러므로 부정적인 의미를 가진 ④는 알맞지 않습니다.

04 웨어러블 로봇은 사람이 입을 수 있도록 만든 로봇이므로 (1)의 설명이 알맞습니다. (2)는 사람이 직접 일하지 않는다고 했으므로, 사람이 입고 사용하는 웨어러블 로봇에 대해 잘못 이해한 것입니다.

05 설명문의 구조를 생각하며 글의 내용을 요약하세요.

| 어휘력 더하기 |

뜻이 비슷한 말 '보태다'는 모자라는 것을 채운다는 뜻으로 '보충하다'와 뜻이 비슷하고, '교체하다'는 이미 있는 것을 다른 것으로 바꾼다는 뜻이므로, '바꾸다'와 비슷합니다. '분해하다'는 기계 따위를 헤친다는 뜻으로 '해체하다'와 뜻이 비슷합니다.
헷갈리는 말 '개발'은 주로 기술, 제품, 나라처럼 보이는 대상을 좋게 만든다는 뜻으로 쓰고, '계발'은 사람의 능력, 재능처럼 보이지 않는 것을 나아지게 만든다는 의미로 씁니다. 따라서 (1)에는 개발을, (2)와 (3)에는 계발을 써야 합니다.

1일 영웅이 된 헤라클레스 55~57쪽

어휘 알기

환호성, 전염병, 휩쓸리다

독해력 기르기

01 ③
02 (1)-(개) (2)-(나)
03 (1) ○ (3) ○   **04** (2) ○
05 (2) ×
06 ① 죄 ② 소똥 ③ 강

어휘력 더하기

뜻이 비슷한 말 (1) 방법 (2) 깨끗하게
뜻이 여러 개인 말 (1) ③ (2) ② (3) ① (4) ①

| 독해력 기르기 |

01 헤라가 제우스가 인간에게서 얻은 아들인 헤라클레스를 미워했다는 말이 나오므로, ③은 알맞지 않습니다.

02 ㉠은 헤라클레스가 신에게서 명령받은 일을 나타내므로 아무나 해낼 수 없는 열두 가지 일을 뜻하며 ㉡은 열두 가지 일 가운데 하나인 외양간을 청소하는 일을 뜻합니다.

03 3천 마리의 소가 있는 외양간을 30년간 청소하지 않아 소똥이 잔뜩 쌓여 있고, 이로 인해 고약한 냄새가 퍼지고, 사람들이 전염병에 걸려 죽어 갔다는 내용이 있으므로 (1), (3)이 알맞습니다.

04 강의 물줄기를 잡아당겼다는 표현을 통해 헤라클레스가 강물의 방향을 바꿀 정도로 힘이 세다는 것을 짐작할 수 있습니다.

05 헤라클레스가 외양간을 청소하자 고약한 냄새가 사라졌다고 했으므로 (1)은 알맞고, 사람들이 헤라클레스를 향해 영웅이라고 환호했으나 신으로 모셨다는 말은 없으므로 (2)는 알맞지 않습니다. 헤라클레스가 강의 물줄기를 원래대로 돌려놓고, 신이 명령한 다음 일을 하러 떠났다고 했으므로 (3)도 알맞습니다.

06 헤라클레스가 한 일이 드러나도록 내용을 요약하세요.

| 어휘력 더하기 |

뜻이 비슷한 말 '수'와 '방법'은 어떤 일을 처리하는 수완을 뜻하고, '말끔하게'는 환하고 깨끗하다는 뜻입니다.

뜻이 여러 개인 말 (1)은 날씨라는 말이 있으므로 ③을 뜻하고, (2)는 성질이라는 말이 있으므로 ②의 뜻입니다. (3), (4)는 냄새와 맛이 거슬릴 정도로 나쁘다는 뜻이므로 ①의 뜻입니다.

2일 나라를 구한 영웅들 59~61쪽

어휘 알기

횡포, 모함, 손보다, 전투태세

독해력 기르기

01 (1) ○
02 (1)-(개) (2)-(개) (3)-(나) (4)-(나)
03 (2) ○
04 ㉠
05 ① 나라 ② 이순신 ③ 잔 다르크

어휘력 더하기

전(戰)이 들어간 말 전(쟁), 전(투), (해)전, (대)전
관용 표현 막(이 내리다), 막(이 오르다)

| 독해력 기르기 |

01 이 글의 제목과 첫 부분의 내용을 통해 이 글이 위기에 빠진 나라를 구한 영웅을 소개하기 위해 쓴 글임을 알 수 있습니다.

02 두 번째 문단에 임진왜란 당시 조선을 구한 이순신 장군에 대한 내용이, 세 번째 문단에 백 년 전쟁 당시 프랑스를 승리로 이끈 잔 다르크에 대한 설명이 있습니다.

03 잔 다르크는 위기에 빠진 프랑스를 구하기 위해 스스로 나선 것이므로, 어린 소녀를 전쟁에 내보냈다는 비판은 알맞지 않습니다.

04 이 글에서 이순신 장군이 임진왜란에서 승리를 거둘 수 있었던 것은 무기를 손보고, 전투 상황을 분석하고, 군사 훈련을 하는 등 철저한 준비를 했기 때문이라고 했습니다. 제시된 글은 임진왜란 당시 사용한 거북선에 대한 설명이므로, 이순신 장군이 준비한 것 가운데 ㉠무기를 손본 것과 관련이 있습니다.

05 이 글은 처음 가운데 끝의 구조를 가지고 있으면서 가운데 부분이 이순신과 잔 다르크 두 사람에 대한 예시로 각각 이루어져 있으므로, 이러한 짜임을 생각하며 내용을 요약하세요.

| 어휘력 더하기 |

전(戰)이 들어간 낱말 싸움을 뜻하는 '전(戰)'이 들어간 낱말에는 전쟁, 전투, 해전, 대전 등이 있습니다.

관용 표현 연극에서 무대와 관객 사이에 드리워져 있는 '막'이 들어간 표현입니다. 연극을 시작할 때 드리워져 있던 막을 올렸다가 연극이 끝나면 막을 다시 내리는 것에서 비롯된 말로 어떤 일이 시작될 때는 '막이 오르다', 어떤 일이 끝날 때는 '막이(을) 내리다'처럼 씁니다.

3일 수박 동자 이야기
63~65쪽

어휘 알기

허물, 소굴, 해괴하다, 늠름하다

독해력 기르기

01 ③

02 (2) ○

03 ⓘ→ⓡ→ⓒ→ⓐ

04 (2) ○

05 ① 수박 ② 구두장군 ③ 재

어휘력 더하기

낱말의 반대말 멋지다, 나서다, 드러내다
큰말 작은말 (1)-(나) (2)-(가)

4일 우리 주변의 영웅을 찾아라!
67~69쪽

어휘 알기

사명감, 마다하다, 막막하다

독해력 기르기

01 (2) ○   02 ②   03 ③

04 (3) ✕   05 소라

06 ① 소방관 ② 영웅 ③ 사명감

어휘력 더하기

뜻이 비슷한 말 두려움-공포, 생명-목숨, 타인-남,
휩싸이다-뒤덮이다, 진압하다-잠재우다, 뒤지다-
뒤떨어지다
모양이 같은 말 (1)-(나) (2)-(가) (3)-(가)

| 독해력 기르기 |

01 수박처럼 둥근 덩어리로 태어난 김원은 부모의 보살핌 속에 자라, 십 년이 지나 사람의 모습이 되었다고 했으므로 ①, ②, ④, ⑤는 알맞습니다. 원은 무예를 익혀 늠름한 청년으로 자랐다고 했으므로 ③은 알맞지 않습니다.

02 머리가 아홉 달린 괴물이라고 했으므로 (2)가 맞습니다.

03 ⓐ는 원이 구두장군의 머리를 베고, 그 자리에 공주들이 재를 뿌리는 장면이고, ⓑ는 원이 구두장군에게 붙잡힌 공주들을 보고, 구하려고 공격하는 장면입니다. ⓒ는 공주들이 수박덩이로 변신한 원을 빨랫감에 숨겨 구두장군이 있는 곳으로 데리고 가는 장면이고, ⓡ는 구두장군이 공주들을 데리고 바위틈으로 달아나는 장면입니다. 각 장면의 내용을 살펴보며 순서를 정리해 보세요.

04 이야기의 마지막 장면에서 원이 구두장군을 죽이고 공주들을 구했으므로 (2)가 알맞고, 구두장군에게 잡혀가는 공주들을 구하려고 했기 때문에 (1)은 알맞지 않습니다.

05 주인공이 태어나 자란 과정과 구두장군을 물리치기까지의 과정을 생각하며 내용을 요약하세요.

| 어휘력 더하기 |

낱말의 반대말 낱말의 뜻풀이를 다시 한번 읽어 보세요.
큰말 작은말 '중얼중얼'과 '종알종알'은 남이 알아듣지 못할 정도의 작고 낮은 목소리로 혼잣말을 자꾸 하는 모습을 나타내는 말이고, '둥글둥글'과 '동글동글'은 둥근 모양을 나타냅니다.

| 독해력 기르기 |

01 세상 속 영웅을 소개하는 방송 프로그램 '기자가 간다!'에서 찾아가 만난 인물을 소개하는 내용이므로 (2)의 설명이 알맞습니다.

02 불속에 있을 때의 두려움과 구조된 뒤의 마음을 말하고 있으므로, 이 말을 한 사람은 화재 현장에서 구조된 시민이 알맞습니다.

03 화재 현장에서 구조된 시민이 구조 당시의 상황을 말하는 내용으로 ⓘ은 불길을 뚫고 구조를 하러 와 준 소방관을 가리킵니다.

04 글의 마지막 문단에서 화재 현장에서 시민들을 구한 소방관에 대해 위험에 빠진 이웃을 구하려는 정의감, 두려움을 이겨 내고 불로 뛰어드는 용기, 타인을 위해 다치는 것도 마다하지 않는 희생정신과 자신의 일에 최선을 다하는 사명감을 갖춘 진정한 영웅이라고 했으므로, (1), (2), (4)가 알맞습니다.

05 이웃을 지키는 세상 속 영웅을 찾아가는 프로그램이라는 소개말을 통해 이웃을 도운 사람을 소개하는 내용임을 짐작할 수 있습니다. 따라서 아픈 친구를 위해 꾸준히 기부 활동을 한 인물을 소개한 소라의 의견이 적절합니다.

06 프로그램에 소개된 내용이 잘 드러나게 내용을 요약하세요.

| 어휘력 더하기 |

뜻이 비슷한 말 이 글에서 낱말이 나온 부분을 찾아, 뜻이 비슷한 말로 바꾸어 읽어 보세요.
모양이 같은 말 (1)은 잇몸에 박혀 있던 이가 빠졌다는 내용이므로 (나)의 뜻이고, (2)와 (3)은 위험한 상황에 놓였다는 의미이므로 (가)의 뜻입니다.

5일 영웅의 영웅, 롤 모델
71~73쪽

어휘 알기

모범, 업적, 활약하다

독해력 기르기

01 롤 모델
02 (1) ○ (2) ○ (3) ✕
03 꿈　　**04** ㉰→(㉯)→㉱→㉮
05 진영
06 ① 롤 모델 ② 노력 ③ 꿈

어휘력 더하기

낱말의 반대말 느긋하다, 부족하다
뜻이 여러 개인 말 (1) ② (2) ① (3) ①

| 독해력 기르기 |

01 이 글의 중심 낱말은 '롤 모델'입니다.
02 선생님의 대답을 살펴보면 롤 모델은 모범이 되는 사람을 가리키고, 꿈을 이루기 위해 할 일을 아는 데 도움이 된다고 했으므로 (1)과 (2)의 내용은 알맞습니다. 롤 모델을 정할 때는 꿈을 먼저 정하고, 꿈꾸는 분야에서 업적을 낸 사람을 찾아야 한다고 했으므로, 유명한 사람으로 정해야 한다는 (3)의 내용은 알맞지 않습니다.
03 롤 모델을 정할 때 가장 중요한 기준은 '꿈'이라고 했습니다.
04 세 번째 대답을 보면 롤 모델을 정하는 방법을 알 수 있습니다.
05 롤 모델을 정할 때는 그 사람이 이룩한 업적뿐만 아니라 꿈을 이루기까지의 과정과 노력도 함께 살펴보아야 한다고 했습니다. 그런데 소라는 음악 프로그램에 1위를 했다는 이유로 롤 모델을 정한다고 했으므로, 글의 내용을 잘못 이해한 것입니다. 반면 진영은 아직 꿈이 없지만 관심 있는 분야와 관련 있는 인물에 대한 정보를 찾으며 그들에게 배울 점을 찾고 있다고 했으므로 이 글의 내용을 실천하고 있는 것으로 볼 수 있습니다.
06 롤 모델의 뜻과 정하는 방법이 드러나게 글을 요약하세요.

| 어휘력 더하기 |

낱말의 반대말 뜻풀이를 잘 살피면 반대말을 쉽게 찾을 수 있습니다.
뜻이 여러 개인 말 (1)은 몸의 일부를 기울인다는 의미이므로 ②의 뜻으로 쓰였고, (2)와 (3)은 정신을 집중하여 듣고, 정성을 다한다는 의미이므로 ①의 뜻으로 쓰였습니다.

1일 방귀 시합
77~79쪽

어휘 알기

절구, 나들이, 부러지다

독해력 기르기

01 방귀
02 ㉮→㉱→㉰→㉯
03 ③　　**04** ②
05 (1) ○
06 ① 방귀 ② 기둥 ③ 절구통

어휘력 더하기

이름을 나타내는 말 (1) 지붕 (2) 마루 (3) 굴뚝 (4) 기둥
모양이 같은 말 (1)-㉯ (2)-㉰ (3)-㉮

| 독해력 기르기 |

01 소문난 방귀쟁이 둘이 누구의 방귀가 더 센지 겨루었습니다.
02 ㉮는 아랫마을 방귀쟁이가 윗마을 방귀쟁이네 집 기둥을 방귀로 부러뜨리는 장면이고, ㉯는 절구통이 윗마을, 아랫마을로 날아다니는 모습을 나타낸 장면입니다. ㉰는 아랫마을 방귀쟁이의 아들이 윗마을 방귀쟁이의 방귀에 날아간 장면이고 ㉱는 윗마을 방귀쟁이가 아랫마을 방귀쟁이가 다녀간 것을 알아채는 장면입니다. 글의 내용을 떠올리며 순서를 정리해 보세요.
03 윗마을 방귀쟁이는 아랫마을 방귀쟁이가 감히 자신을 방귀로 이기려 한다고 생각해 분하고 화가 나 누구의 방귀가 더 센지 겨루기로 마음먹었으므로 ③의 표정이 가장 어울립니다.
04 두 방귀쟁이가 방귀로 절구통을 날려 보냈고, 그 절구통이 아직도 왔다 갔다 한다고 했으므로 빈칸에 알맞은 말은 ②입니다.
05 절구통이 아랫마을과 윗마을로 오가고 있다고 했으므로, 아랫마을 방귀쟁이가 이겼다고 말한 것은 글의 내용을 잘못 파악한 것입니다.
06 방귀 시합을 하게 된 과정이 드러나게 내용을 요약하세요.

| 어휘력 더하기 |

이름을 나타내는 말 각 낱말이 그림의 어느 부분을 가리키는지 잘 살펴보세요.
모양이 같은 말 (1)은 기운이 세다는 뜻이므로 ㉯가 알맞고, (2)는 머리가 새하얗게 변했다는 뜻으로 ㉰가 알맞습니다. (3)은 손가락으로 수를 헤아린다는 뜻이므로 ㉮가 알맞습니다.

어휘 알기

분야, 거장, 정복

독해력 기르기

01 경쟁   **02** (1)-(내)-ⓒ (2)-(개)-⑦

03 (1) ○ (2) × (3) × (4) ○

04 (2) ○   **05** 재희

06 ① 라이벌 ② 남극점 ③ 거장 ④ 친구

어휘력 더하기

뜻이 비슷한 말 (1) 대결하다, 겨루다 (2) 공격하다, 흉보다

(3) 꼼꼼하게, 빈틈없이 (4) 그만두다, 중단하다

한자 성어 (막)상(막)하, (난)형(난)제

| 독해력 기르기 |

01 이 글은 같은 목적을 위해 경쟁하는 '라이벌'에 관한 내용입니다.

02 이 글에서 아문센과 스콧은 남극점 정복을 두고 경쟁했고, 피카
소와 마티스는 최고의 화가를 두고 경쟁했다고 했습니다.

03 아문센과 스콧은 비슷한 시기에 남극점을 향해 출발했다고 했
을 뿐 정확한 출발 날짜가 나오지 않았으므로 (2)의 설명은 알맞
지 않습니다. 또 이 글에서 서로 영향을 주고받고 경쟁하는 것이
도움이 된다고 말한 사람은 마티스이므로 (3)의 설명도 알맞지
않습니다.

04 이 글에서 남극점에 먼저 도착한 아문센은 스콧이 무사하기를
바라며 음식과 편지를 남겨 두었고, 스콧에 대한 존중의 마음을
나타냈다고 했으므로 (2)의 내용이 알맞습니다.

05 이 글은 라이벌을 통해 큰 성공을 거둔 사람들에 대한 내용이므
로, 라이벌의 긍정적인 면을 설명하고 있습니다. 따라서 라이벌
을 통해 자신을 더 발전시킬 수 있는 방법을 알 수 있다고 한 재
희의 의견이 알맞습니다.

06 글의 구조를 생각하며 내용을 요약하세요.

| 어휘력 더하기 |

뜻이 비슷한 말 (2)에 있는 '공격하다'는 전쟁이나 운동 경기에서 적을
치거나 상대편을 이기려고 행동한다는 뜻과 함께 남을 비난하거나 반
대하여 나선다는 뜻도 있습니다.

한자 성어 '막상막하', '난형난제'는 경쟁 관계에 있는 두 편이 실력이 비
슷하여 우열을 가리기 힘들 때 쓰는 표현입니다.

어휘 알기

윤기, 기세등등, 단장하다

독해력 기르기

01 아름다운

02 (1) ○ (3) ○

03 ①, ②, ⑤

04 ㉰→㉮→㉯   **05** 유라

06 ① 왕 ② 깃털 ③ 까마귀

어휘력 더하기

관용 표현 (2) ○

뜻이 여러 개인 말 (1)-② (2)-① (3)-② (4)-①

| 독해력 기르기 |

01 앞부분에 아름다운 새를 왕으로 뽑겠다고 한 내용이 있습니다.

02 이 말 뒤에 이어진 까마귀의 행동을 통해 까마귀가 다른 새들의
깃털을 부러워하고, 새까만 깃털을 가진 모습으로는 왕이 될 수
없다고 생각해 속상해하고 있음을 짐작할 수 있습니다.

03 까마귀는 날마다 목욕을 하고, 고운 색으로 깃털을 물들였습니
다. 이 방법이 통하지 않자 다른 새들의 깃털을 몰래 뽑아 자기
몸에 꽂고 왕을 뽑는 자리에 가게 되었습니다.

04 ㉮는 다른 새들이 무지갯빛 깃털로 꾸민 까마귀에게서 깃털을
뽑는 장면이고, ㉯는 다른 새들의 깃털이 모두 사라지고 본래 자
기 모습으로 돌아온 까마귀의 모습입니다. ㉰는 무지갯빛 깃털
을 가진 새에게서 깃털이 빠져 떨어지는 장면입니다.

05 이 글은 속임수를 써서 왕이 되려고 한 까마귀의 행동이 잘못되
었음을 깨닫게 해 주는 글이므로 좋은 결과를 얻으면 과정은 상
관없다고 말한 유라는 글을 바르게 이해하지 못한 것입니다.

06 까마귀가 한 행동과 그에 따른 결과가 드러나게 요약하세요.

| 어휘력 더하기 |

관용 표현 '입을 다물지 못하다', '입이 딱 벌어지다'는 놀람을 나타낼
쓰는 표현이고 '머리털이 곤두서다', '등골이 오싹하다'는 소름이 끼
칠 정도로 무서운 느낌을 표현할 때 주로 씁니다.

뜻이 여러 개인 말 (2), (4)는 잇몸에 박혀 있는 이와 몸에 꽂혀 있는 깃
털을 잡아당겨 빼낸다는 의미이므로 ①의 뜻이고, (1), (3)은 여러 사람
가운데 한 사람을 가려낸다는 의미이므로 ②의 뜻입니다.

어휘 알기

경주, 공정하다, 받아들이다

독해력 기르기

01 비둘기, 토끼   02 불공정

03 (2) ○   04 (1) ○

05 ④   06 ① 불공정 ② 유리 ③ 공정

어휘력 더하기

낱말의 관계 유리하다 ⟷ 불리하다,

받아들이다 ⟷ 거부하다, 당당하다 ⩵ 떳떳하다

헷갈리는 말 (1) 팥으로써 (2) 친구로서 (3) 작가로서

(4) 말로써

| 독해력 기르기 |

01 편지를 읽을 때는 누가 누구에게 보낸 편지이고, 편지의 용건 즉 하고 싶은 말이 무엇인지를 잘 살펴보아야 합니다.

02 편지의 앞부분에 비둘기가 토끼와 거북이의 경주가 공정하지 않다고 말한 내용이 있으므로 '불공정'이 알맞은 답입니다.

03 비둘기는 토끼는 땅에서 살고, 거북이는 물에서 살기 때문에 언덕에서 경주를 하는 것은 토끼에게만 유리하다고 지적했으므로 (2)가 알맞습니다.

04 비둘기는 공정하지 못한 방법으로 경주를 하면, 진 쪽은 경쟁의 결과를 받아들이기 어렵고, 이긴 쪽도 마음껏 기뻐할 수 없을 거라고 했으므로, (1)이 알맞습니다.

05 비둘기는 토끼와 거북이가 사는 곳을 고려하여 토끼는 땅에서, 거북이는 물에서 같은 거리를 달려 더 빨리 도착한 쪽이 이기는 방법을 제안했습니다. 그러므로 ④의 설명이 알맞습니다.

06 비둘기가 토끼와 거북이의 경주에 대해 가지고 있는 생각을 중심으로 글을 요약합니다.

| 어휘력 더하기 |

낱말의 관계 '유리하다'와 '불리하다', '받아들이다'와 '거부하다'는 반대말이고, '당당하다'와 '떳떳하다'는 비슷한말입니다.

헷갈리는 말 (1)은 재료를 (4)는 수단을 나타내므로 '-로써'를 써야 하고, (2)와 (3)은 자격을 나타내므로 '-로서'를 써야 합니다.

어휘 알기

포기, 찡하다, 알아채다

독해력 기르기

01 (3) ○

02 (1)-(다) (2)-(가) (3)-(라) (4)-(나)

03 (1) ○ (2) ○ (3) ×

04 (1) ○   05 (2) ○

06 ① 제목 ② 손 ③ 배려

어휘력 더하기

관용 표현 눈시울(이 붉어지다), 콧등(이 시큰하다)

모양이 같은 말 (1)-(나) (2)-(다) (3)-(가) (4)-(다)

| 독해력 기르기 |

01 이 글은 『꼴찌 없는 운동회』라는 책을 읽고 느낀 점을 쓴 독서 감상문이므로 (3)의 설명이 알맞습니다.

02 가 문단에는 책의 제목이 마음에 들어 읽게 되었다는 동기가 있고, 나 문단에는 책의 줄거리가 있습니다. 다 문단에는 느낀 점이, 라 문단에는 깨닫고 배운 점이 있습니다.

03 나 문단에 있는 줄거리에 『꼴찌 없는 운동회』의 주인공 기국이는 달리기를 잘하지 못하고, 운동회 날 달리기 시합 때 친구들이 기국이의 손을 잡고 함께 결승점까지 걸었다는 내용이 나오므로 (1)과 (2)의 내용은 알맞습니다. 기국이가 포기하지 않고 달렸다는 내용이 나오므로 (3)의 내용은 알맞지 않습니다.

04 결승점에서 환하게 웃었다는 내용으로 미루어 보아 ㉠에서 기국이가 흘린 눈물에는 고마운 마음이 담겼다고 볼 수 있습니다.

05 글쓴이는 책을 읽고 기국이와 함께 달린 기국이네 반 친구들의 모습에서 감동을 받고, 친구를 배려하는 마음이 중요하다는 것을 깨달았다고 했으므로 (2)가 알맞습니다.

06 독서 감상문의 짜임을 생각하며 글을 요약하세요.

| 어휘력 더하기 |

관용 표현 '코끝이 찡하다', '콧등이 시큰하다', '눈시울이 붉어지다' 세 가지 표현 모두 감동을 나타내는 표현입니다.

모양이 같은 말 (1)은 일할 사람이 부족하다는 의미이므로 (나)의 뜻이고, (2)와 (4)는 빨리 달린다는 의미이므로 (다)의 뜻입니다. (3)은 나무에 열매가 많이 매달려 있다는 의미이므로 (가)의 뜻으로 쓰였습니다.

메모